La magie du discours

DU MÊME AUTEUR

Le Vocabulaire du général de Gaulle (en collaboration avec René Moreau), Armand Colin, 1969.

Gouvernants et gouvernés : la communication politique, PUF, 1973.

Giscard d'Estaing-Mitterrand : 54 774 mots pour convaincre (en collaboration), PUF, 1978.

Démocratie cathodique (en collaboration), Dunod, 1982.

La Bataille des images (en collaboration avec Gérard Mermet), Larousse, 1986.

Gouverner, c'est paraître, PUF, 2e éd., 1997.

Jean-Marie Cotteret

La magie du discours

Précis de rhétorique audiovisuelle

ÉDITIONS MICHALON

18, rue du Dragon 75006 Paris
ISBN : 2-84186-126-0

Introduction

L'art de la parole

Au commencement était la *Rhétorique* d'Aristote.

Avec Aristote, l'orateur est face à son public ; avec la télévision, il s'adresse à un public qu'il ne voit pas. Avec Aristote, l'homme public parle pendant un laps de temps qu'il a librement choisi ; avec la télévision, le temps est réduit, la parole comprimée. Avec Aristote, le vocabulaire est illimité, la fécondité de l'expression infinie ; avec la télévision, le vocabulaire est restreint, les richesses langagières se raréfient. Avec Aristote, les figures de style embellissent le discours, renforcent les idées ; avec la télévision, elles ne renforcent que les émotions. Avec Aristote, le contenu du discours a plus d'importance que celui qui parle ; avec la télévision, celui qui parle l'emporte sur le contenu du discours.

Ce livre se propose, en partant de la *Rhétorique* d'Aristote, d'analyser ce qui demeure ou s'est transformé dans la rhétorique audiovisuelle.

Sur l'agora, parmi les six mille citoyens présents, un très petit nombre d'entre eux prenait la parole. Les Athéniens les appelaient les *rhetores*, les « orateurs ». Encore faut-il préciser que « *rhetor* était un terme technique désignant dans la langue juridique tout citoyen qui se présentait devant le peuple pour discourir ou proposer une loi : un citoyen devenait *rhetor* au moment où il montait à la tribune des orateurs[1] ». Avec le temps, ce terme a été vidé de sa substance, au point de ne plus désigner aujourd'hui, selon Larousse, qu'une « personne qui s'exprime de manière emphatique ». Loin d'être anecdotique, ce dangereux glissement du rhéteur vers le discours emphatique, c'est-à-dire pompeux, solennel, voire grandiloquent, illustre parfaitement l'évolution de cet art. En effet, si la rhétorique avait pour objet de convaincre un auditoire, elle n'en était pas moins considérée comme un noble outil, dans la mesure où ses procédés – aussi savants fussent-ils – servaient la vérité. Et, si le terme de rhéteur, qui caractérisait l'acte civique et démocratique par excellence, ne désigne plus qu'un beau parleur, ne doit-on pas en déduire que les rhéteurs modernes n'ont peut-être pas su se montrer dignes non seulement de la démocratie qui leur donnait le droit de s'exprimer,

1. Mogens H. Hansen, *La Démocratie athénienne*, Les Belles Lettres, 1993, p. 175.

mais de l'art qui leur permettait de le faire efficacement ? Car un discours que l'on juge emphatique ou surfait n'est par définition pas convaincant. Or la rhétorique a justement pour objet d'emporter l'adhésion d'un auditoire. Les mauvais rhéteurs nous auraient-ils donc obligés à faire le deuil de la rhétorique, du plaisir de discourir et du bonheur d'être convaincus ?

Si c'est le cas, comment réhabiliter cet art et la terminologie qui le désigne ? D'abord, en définissant les changements qui ont conduit à cette dérive. Ensuite, en trouvant un moyen de s'y adapter sans sacrifier l'essentiel, car l'objectif de tout discours reste d'emporter l'adhésion du public, de *plaire*, et la rhétorique n'est jamais qu'un outil pour y parvenir.

Encore faut-il définir ce qu'on entend par *plaire*. Si, à l'époque d'Aristote, cela nécessitait de raisonner pour convaincre le public auquel on s'adressait, nous aurons l'occasion de constater qu'il s'agit davantage, aujourd'hui, de l'émouvoir pour le séduire. Mais la rhétorique reste à la fois un manuel de règles et de recettes, et un code éthique dont le rôle est de révéler les excès passionnels. Au centre est la parole. Elle y a toujours été, et elle y demeurera certainement jusqu'à ce qu'un autre mode d'expression de la pensée se substitue à elle. Mais, bien que cette « science » soit régie, globalement, par les mêmes règles depuis près de deux mille quatre cents ans, la rhétorique constitue néanmoins un usage fragile du langage puisque ses visées ont considérablement changé au fil du temps. Jadis un mode de démonstration rationnelle au service de la vérité, elle se définit aujourd'hui comme un procédé de séduction, voire de manipulation, qui ne sert que le vraisemblable.

Compte tenu des objectifs respectifs de la rhétorique et du langage politique – qu'il s'agisse de démontrer ou de manipuler –, le second a donc toujours été étroitement lié à la première. Comme le remarque Paul Ricœur : « Le langage politique est rhétorique non par vice mais par essence. Ce qui fait sa limite fait aussi sa grandeur. L'homme n'a pas de meilleur organe pour s'interpeller lui-même comme animal politique. Seule donc une déontologie de la mesure et du respect, acceptée par tous les partis du jeu politique, peut le préserver des perversions propres à son fonctionnement rhétorique. Une "bonne" rhétorique est possible[2] ! »

Sans partager nécessairement l'optimisme de Paul Ricœur ni son jugement de valeur, force est de constater que la rhétorique, bonne ou mauvaise, est indissociable de la politique et que, si elle était au départ un outil au service de la démocratie, elle a cependant traversé les empires, les monarchies, les révolutions et les républiques.

En effet, si la parole magnifiée, la « bonne » rhétorique, est l'alpha et l'oméga de tout régime démocratique, les régimes dictatoriaux ne s'en appuient pas moins sur la parole, une parole dévoyée qui se caractérise par la suppression du dialogue, par

2. Paul Ricœur, *Lectures 1*, Seuil, 1991, p. 175.

l'absence d'échanges entre gouvernants et gouvernés qui conduit à la dictature. Pour être démocratique, l'exigence de parole doit être exigence de réciprocité. En effet, la parole permet d'accepter le rapport entre autorité et obéissance, fondement de tout pouvoir politique : « Tout dépend du peuple et le peuple a la parole », disait Fénelon. La réciprocité de la parole ne la délivre d'ailleurs pas de sa magie, de cette « sorcellerie évocatoire » dont parle Baudelaire et qui implique nécessairement la présence d'une connotation, d'une valeur subjective ajoutée au référent.

Certes, entre l'époque où Aristote écrivait sa *Rhétorique* et la nôtre, les règles qui conditionnent le jeu du discours ont évolué. Mais rien n'a encore remplacé la parole dans le fonctionnement des régimes démocratiques modernes où on lui accorde, peut-être de manière excessive, une valeur sacrée : « On n'a pas tordu le cou à l'éloquence, tout au contraire, on lui a dans nos assemblées élevé un temple et un autel. L'autel, c'est la tribune. Le temple, c'est les tribunes. La tribune est pour l'officiant, c'est-à-dire pour l'orateur. Les tribunes sont pour les fidèles, c'est-à-dire pour le public. La disposition de la tribune permet à l'orateur de se produire, comme un acteur, sur ce théâtre. La disposition des tribunes permet au public de suivre l'orateur, comme il suit un acteur sur une scène des boulevards[3]. »

---

3. André Tardieu, *La Révolution à refaire*, Flammarion, 1936, t. 1, p. 61.

La parole ne se contente d'ailleurs pas d'être sacrée, puisque, avec l'apparition de la télévision, la rhétorique est devenue l'arme qui transforme le candidat en parlementaire, le parlementaire en ministre et le ministre en président. Et, compte tenu de la place prépondérante qu'elle occupe dans notre société, on est en droit de se demander si la rhétorique télévisuelle permet de remplir les conditions déontologiques indispensables à son « bon » usage.

Les cinq phases de la rhétorique traditionnelle

D'Aristote à Cicéron en passant par Quintilien, la rhétorique traditionnelle obéit à des règles précises, et son enseignement distingue cinq phases essentielles dans l'élaboration du discours oratoire :

1. *Inventio :* l'invention, qui consiste à recenser ce qu'on va dire, à rechercher des arguments.

2. *Dispositio :* la disposition, qui implique une mise en ordre de ses arguments, la construction d'un plan dans lequel ils s'insèrent.

3. *Elocutio :* l'élocution, qui organise la construction des figures et permet de trouver son propre style.

4. *Actio* et *pronuntiatio :* l'art de prononcer le discours avec gestes et diction appropriés.

5. *Memoria :* la mémorisation du discours[4].

---

4. Olivier Reboul, *Introduction à la rhétorique*, PUF, 1991, p. 55.

Dans le premier stade, l'orateur recense toutes les idées qu'il souhaite exposer ; son choix n'est alors limité que par ses propres intentions. L'opération suivante nécessite l'ordonnancement des idées autour d'un plan. La troisième consiste pour l'orateur à marquer le discours de son empreinte ; c'est à ce stade qu'il met en place son style propre. La quatrième opération l'amène à soigner sa diction et ses gestes pour se préparer à « délivrer » son discours. La dernière consiste à mémoriser tous les éléments qui ont été élaborés au cours des étapes précédentes. C'est elle qui garantit l'aisance de l'orateur, qui pourra ainsi prononcer sans notes un discours qui n'en aura que plus d'efficacité.

Cependant, dans la mesure où il s'adressait à un auditoire qui lui faisait face, l'orateur devait être capable d'adapter le discours aux réactions, aussi imprévisibles que spontanées, des membres de l'assistance. L'adaptation du discours dépendait donc essentiellement, malgré le travail fourni au cours des cinq étapes fondamentales de la préparation, de la capacité de l'orateur à faire face aux réactions de l'auditoire.

En bref, la rhétorique politique traditionnelle permettait à celui qui construisait son discours d'exprimer ses idées avec son vocabulaire, selon son plan, en choisissant ses figures de style, en s'exprimant sans contraintes, dans un temps qu'il se fixait lui-même et devant un public qu'il pouvait voir et entendre.

Du discours public au discours sans public

Aujourd'hui, alors que le discours télévisé a remplacé le face-à-face interactif entre l'orateur et l'auditoire, que reste-t-il des cinq étapes indissociables de la rhétorique ?

La limitation du temps de parole est une exigence nouvelle qui les transforme considérablement. Mais une autre limite, qui concerne cette fois leur expression, est imposée à l'orateur moderne dans la mesure où son objectif est de se faire entendre, et comprendre, du plus grand nombre – la cible visée, en matière de discours politique, n'étant autre que la totalité des citoyens, quelles que soient leurs capacités intellectuelles. Dans ces conditions, il est tenu de se borner à un vocabulaire simple, voire rudimentaire, et aux figures de style susceptibles de faciliter la compréhension à l'auditoire.

Au stade de l'*inventio*, il est désormais inutile pour l'orateur, faute de temps pour les mettre en valeur, de développer toutes les idées qu'il désire exprimer : un tri sévère s'impose d'emblée. Le petit nombre d'idées retenues facilitera d'ailleurs la construction du plan. En revanche, la troisième étape, qui consiste à trouver leur expression, n'en est que plus délicate. En effet, si les Anciens pouvaient disposer d'un choix illimité de mots et librement puiser dans le vaste registre des figures de style, le discours politique télévisuel, lui, doit se cantonner à un vocabulaire restreint et à un nombre réduit de figures, aux seules qui soient propres à renforcer la cohérence du discours.

Cette double exigence limite donc les possibilités dont dispose l'orateur pour imprimer la marque de son style. La quatrième étape – la diction et les gestes qui appuient le discours – a elle aussi subi des modifications en s'adaptant à la télévision. Grâce à la caméra et à ses ingénieux réglages qui permettent au téléspectateur de voir l'orateur «de près», le visage de celui qui parle devient un champ d'expressions très fertile. Quant à la cinquième étape, la mise en mémoire du texte, qui a hanté des générations entières, elle est réglée aujourd'hui par des procédés artificiels, le prompteur entre autres, qui libèrent l'orateur cathodique de tout souci. Enfin, le rhéteur n'étant plus confronté au public – nombreux, hétérogène et indifférencié – qu'il ne voit pas et dont il n'est plus capable de mesurer les réactions, il n'a donc plus à s'adapter en prononçant son discours.

En bref, la rhétorique politique du tube cathodique impose à l'orateur de développer devant un public qu'il ne voit pas et en un temps prédéterminé un nombre restreint d'idées, de les enchaîner les unes aux autres par des associations de mots puisés dans un vocabulaire limité et de n'employer que des figures de style ayant pour effet de renforcer le propos en focalisant l'attention du téléspectateur sur l'essentiel.

Réduire et séduire

Avec le XXe siècle et l'apparition de l'audiovisuel, on est passé de l'art de parler en public à l'art de parler sans public, ce qui a considérablement modifié la nature interactive du discours politique, et nécessairement son éthique. Aussi les mots clés de la rhétorique cathodique sont-ils *réduire* et *séduire.*

Pour celui qui parle, le temps passe toujours trop vite, et le temps télévisuel semble défiler plus vite encore. L'homme politique qui parle à la télévision a le sentiment d'une accélération du temps : il faut faire vite, et pour faire vite il faut faire court. Dans les règles rhétoriques inventées par les Grecs et les Latins, pour lesquels le temps n'était pas compté, le temps était au service du discours. Or le discours est aujourd'hui soumis au temps. Il faut en tenir compte, et se demander s'il est possible de réduire sans trahir.

Parce que le temps de parole télévisuel est comprimé à l'extrême, l'orateur n'a plus celui de convaincre son auditoire. Au lieu de convaincre, il doit s'efforcer de séduire, c'est-à-dire de paraître «plus» et non d'être. Mais peut-on paraître sans être ? Pour cela, la télévision – qui par définition ne peut que donner à voir des images de la réalité et non la réalité elle-même – est un outil idéal. Il est communément admis que l'univers des médias est celui du paraître, de la représentation. À la télévision, non seulement paraître devient un objectif en soi – y compris pour ceux qui souhaitent «paraître eux-mêmes» –, mais tout peut être transformé par un simple mouvement de caméra, par un montage, sans parler des effets spéciaux. Il est donc très facile de tomber dans le piège de la pure apparence, sans vérité, ce qui serait contraire à la «bonne» rhétorique et conduirait au mieux à la manipulation, au pire à la dictature. Pour éviter cet écueil, quel équilibre faut-il chercher à établir? Connaissant les bouleversements qu'entraîne la télévision, comment aborder la rhétorique aujourd'hui? Pour mieux définir la rhétorique audiovisuelle, il est utile de rappeler les fondements de la rhétorique aristotélicienne dont elle a hérité, mais nous nous limiterons cependant à examiner les aspects constitutifs de ce nouveau code du discours.

Le principe, intemporel, c'est *plaire*. La nécessité de la séduction est liée de façon intrinsèque à la rhétorique. La séduction peut prendre des formes variées, mais doit demeurer présente tout au long du discours. Le *delectare* cathodique a peu de rapport avec celui d'un préau d'école ou d'une tribune parlementaire. Mais, si les modalités ont changé, la nécessité de l'attraction demeure. Que la rhétorique soit traditionnelle ou cathodique, *plaire* en reste le fondement.

La première étape de la rhétorique audiovisuelle, c'est le choix de la stratégie. Dans le cadre de la rhétorique classique, cette étape préliminaire n'avait pas lieu d'être dans la mesure où l'orateur parlait devant une assemblée visible, palpable, dont il recueillait en même temps les réactions, ce qui lui permettait d'autoréguler son discours. Son premier souci n'était donc pas de choisir une stratégie de communication en fonction de la «cible» visée, mais de recenser en toute liberté les idées qu'il souhaitait exprimer (étape de l'*inventio*). C'est donc l'absence du public induite par le média télévisuel qui a donné naissance à cette nouvelle exigence qui consiste à savoir, avant tout discours, comment l'orateur est perçu et à quel type d'auditoire il s'adresse. Ici, il faut établir *a priori* la subtile relation entre diverses questions : qui suis-je pour eux? qui sont-ils pour moi? que veux-je obtenir d'eux? Ces préliminaires sont indispensables, étant donné que, derrière la caméra – qui demeure imperturbable quelle que soit la nature des propos –, aucun ajustement ne sera possible puisque aucun signe en provenance de l'auditoire ne peut être perçu.

La deuxième étape de la rhétorique traditionnelle, la *dispositio*, la construction du plan, demeure tout aussi indispensable dans le domaine audiovisuel. Mais la réduction du temps et du vocabulaire dont dispose le rhéteur cathodique pour s'exprimer en a considérablement modifié les caractéristiques. Pour une heure de discours, le plan structurait environ 10 000 mots. Aujourd'hui, une minute d'antenne ne laisse à l'orateur que le temps de prononcer, au mieux, 150 mots. La construction du discours autour du plan a radicalement changé d'échelle!

Enfin, après avoir préparé la structure de son intervention, l'orateur doit impérativement choisir le registre qui dominera son intervention : parlera-t-il avec son cœur ou avec sa raison?

Les deux registres de la rhétorique : le rationnel et l'émotionnel

Dans la rhétorique classique, deux types de processus permettaient d'agir sur l'esprit de l'auditoire, et plus exactement sur certaines parts de son esprit. Dans l'arsenal rhétorique, certaines figures agissent sur la raison pour convaincre le public, d'autres sur l'émotion pour le persuader. Cicéron distinguait *docere* : instruire et expliquer (convaincre), de *movere* : émouvoir, impressionner au sens de laisser une impression (persuader). Dans la rhétorique classique, le bon orateur devait à la fois *docere* et *movere*. Deux voies, l'une logique, l'autre émotionnelle, permettent donc de susciter l'adhésion de l'auditoire.

Le discours logique, avec son appareil rhétorique, conduit à convaincre celui qui écoute par la valeur intrinsèque de ce qui est dit ; la qualité de celui qui parle comme les composantes psychologiques de ceux qui écoutent ne figurent alors qu'au second plan.

En revanche, émouvoir, c'est-à-dire persuader, c'est miser d'abord sur les données sociologiques et psychologiques *(animas interpellare)* de ceux qui vont écouter le discours, puis sur le statut, ou plus précisément l'image et la crédibilité, de celui qui parle ; les valeurs intrinsèques du discours passent alors au second plan.

Or, avec l'avènement de la télévision, cet équilibre entre la part émotionnelle et la part rationnelle du discours est rompu au détriment des idées.

Le domaine de l'explication n'est pas pour autant exclu du champ de la rhétorique audiovisuelle. La rhétorique rationnelle ne peut en aucun cas être négligée, surtout par l'orateur politique qui sera amené à gouverner un pays selon des normes rationnelles plus vraisemblablement qu'émotionnelles. Cependant, l'orateur efficace dans le registre de l'explication l'est difficilement dans celui de l'émotion et *vice versa*. Les orateurs modernes n'auraient-ils pas hérité de la polyvalence des rhéteurs de jadis ou cette particularité n'est-elle que la conséquence du média cathodique ? En effet, lorsqu'un orateur veut changer de registre, les effets sur les téléspectateurs sont généralement négatifs, comme s'ils exigeaient de celui qui parle qu'il donne de lui-même une image conforme à celle qu'ils s'en font. Quand on connaît l'influence qu'une simple apparition télévisée peut avoir sur une élection, quel homme politique risquerait de perdre sa crédibilité par simple souci d'équilibre entre rationnel et émotionnel ?

Il n'est pas toujours aisé de peser la part respective qu'occupe chacun de ces aspects dans le discours, et *a fortiori* le discours politique. De même, il n'est pas simple de dissocier les effets produits par le discours des effets produits par l'image, qui à la télévision a d'ailleurs tendance à prendre le pas sur la parole. Aussi avons-nous l'espoir non seulement de décrypter les codes qui permettront peut-être au public de trouver ses propres repères au sein de cet ensemble complexe dont il est parfois la victime, mais de permettre à ceux qui sont susceptibles d'utiliser ce média – notamment aux hommes politiques – de parler aux gouvernés autrement qu'à travers un discours officiel, le plus souvent fait de mots usés, de syntagmes figés, de métaphores endormies... En somme, un discours télévisuel qui offre une interprétation univoque des événements, qui vit parfois du passé, toujours du présent, mais jamais de l'avenir. Enfin, un discours qu'il serait relativement aisé d'améliorer à condition que les gouvernants, aidés par ceux qui les entourent à la télévision, en fassent le choix. La télévision peut en effet devenir un extraordinaire moyen de pédagogie de masse, si tant est qu'on prenne la peine d'y investir son intelligence, son courage, et surtout son travail.

Après plus d'un demi-siècle de vie commune avec la télévision, ne peut-on imaginer un monde où l'on se servirait mieux de cet outil aujourd'hui si familier? Si les gouvernés apprennent à mieux analyser la vacuité des discours officiels et en arrivent à souhaiter une autre approche de la communication, et si les gouvernants prennent la peine de s'intéresser à cette nouvelle forme de rhétorique pour la réhabiliter, la télévision, qui a constitué un immense espoir pour la démocratie, trouvera peut-être enfin le moyen de s'imposer, c'est-à-dire de réhabiliter la parole en regard de l'image.

Partie 1

PLAIRE

1

Leçons de séduction très cathodiques

Le funambulisme : un spectacle d'équilibristes

Plaire, principal objectif de tout orateur, c'est provoquer l'adhésion du public. Cette osmose dépend autant de la personnalité de celui qui parle que de la façon dont celui qui écoute et regarde la perçoit.

Ce résultat ne s'obtient qu'au prix d'un travail global qui consiste à trouver le juste équilibre. Équilibre entre la parole et l'aspect général, entre le verbal et le non-verbal, entre le rire et la crispation, entre la tenue officielle et le débraillé, entre le geste désordonné et la posture figée, entre une attitude offensive et un comportement défensif, entre l'agitation et l'apathie...

« Il s'agit de paraître assez animé et spontané pour saisir et retenir l'attention sans se commettre en gestes excessifs et en mimiques déplacées [1] », avait habilement saisi Charles de Gaulle.

Bref, plaire, c'est d'abord et avant tout une question d'équilibre. L'audiovisuel ne facilite pas cette tâche en exigeant de l'orateur qu'il réduise la longueur de son discours. Or ce type de funambulisme demande de la concentration, du calme et du temps. Raccourcir le discours tout en continuant à séduire l'auditoire est donc un exercice extrêmement délicat qui se situe au cœur même de l'alchimie télévisuelle.

Plaire est le maître mot de la rhétorique, et il se décline dans le temps : plaire avant, plaire pendant le discours et laisser une image plaisante après. Avec la rhétorique classique, plaire relevait de l'*ethos*, c'est-à-dire des caractéristiques propres à l'individu. Pour les Grecs comme pour les Latins, à cette éthique correspondaient des comportements spécifiques en œuvre à tous les moments du discours, même si elle intervenait surtout au début et à la fin.

Procurer une source de plaisir à un auditoire, c'est surtout lui offrir ce qu'il juge bon, ce qu'il désire, ce qu'il attend, consciemment ou non, de l'orateur. Certes, il est assez aisé de s'adapter à l'autre dans une communication interpersonnelle, qu'il s'agisse de deux individus ou d'une personne et d'un petit groupe. Dans l'audiovisuel, l'équation personnelle est un atout déterminant mais insuffisant. Aussi

---

1. Charles de Gaulle, *Mémoires d'espoir*, Plon, 1975, t. 1, p. 302.

faut-il être capable de définir au préalable – dans la mesure où celui qui parle à la télévision n'aura aucun moyen de connaître les réactions de son auditoire au fil du discours – les attentes du téléspectateur que l'on souhaite séduire.

L'orateur doit chercher à se mettre à la portée de celui qui écoute, et la connaissance de son public est un facteur indispensable de réussite.

Mais comment répondre aux exigences d'un public invisible, disparate, diversifié et hétérogène ?

Quand la politique devient un tour de passe-passe

La rhétorique y pourvoit, pour peu qu'on y ajoute ce supplément qui transforme l'orateur en homme cathodique, voire charismatique.

Il n'est pas certain que les deux termes puissent être équivalents. Depuis Freud, l'homme charismatique a été paré de vertus qui en font un personnage hors du commun.

Le sociologue Max Weber a été le premier à populariser le terme de charisme, par ailleurs défini comme « le charme ou la grâce qui s'attache à certains personnages sur lesquels se sont posés le regard et le choix de Dieu [2] ». Dans *Les Tyrannies de l'intimité*, Richard Sennet propose une variante

2. Raymond Boudon, *Dictionnaire critique de sociologie*, PUF, 1990, p. 714.

plus générale – « Le mot “charisme” signifie que la grâce a envahi une personne » –, qu’il illustre ensuite avec le cas de Lamartine : « Peut-on dire que Lamartine est un orateur charismatique ? Oui en ce sens qu’il possède personnellement quelque chose dont ils sont totalement dépourvus. Mais qu’est-ce que ce “quelque chose” ? Qu’est-ce que cette nouvelle grâce ? Les auditeurs sont incapables de le dire. “Tout le monde était bouleversé par M. Lamartine, écrit Ledru-Rollin à un ami, mais je ne puis me rappeler un seul mot de ce qu’il disait[3].” »

Un homme charismatique – du moins perçu comme tel par ses semblables – risque, à la télévision, de perdre son aura. La télévision peut facilement détruire des aspects séduisants en leur donnant une ampleur qui les dévalorise au lieu de les mettre en relief. Et, inversement, personne n’a pu définir les qualités de celui qui « passe le tube ». Tout ce que l’on peut dire, c’est que les spectateurs lui reconnaissent ces éléments impalpables qui font précisément de lui un homme cathodique. Mais, plongé dans une foule, sans le regard des caméras, ce même personnage qui crève l’écran peut apparaître au citoyen comme un homme sans qualités.

On voit donc surgir aujourd'hui le profil de nouveaux hommes politiques qui précisément cumulent les deux ensembles de qualités charismatiques et cathodiques. L’avenir leur appartient. Il est facile en

3. Richard Sennet, *Les Tyrannies de l’intimité*, Seuil, 1976, p. 119.

effet de constater tous les jours, en regardant les hommes politiques, comme d'ailleurs les journalistes et les présentateurs du journal télévisé, que la règle première, et parfois unique, est de plaire. Plaire pour séduire, et séduire pour persuader.

Longtemps, pour fonctionner, la démocratie s'est appuyée sur la valeur et la qualité des arguments développés dans le discours. Aujourd'hui, compte tenu du rôle prépondérant de la télévision dans le domaine politique, le statut de celui qui parle a plus d'importance que l'agencement et le contenu du discours. L'homme cathodique cherche plus à persuader qu'à convaincre, et ce besoin de séduction a sans doute conduit, ces dernières années, la société politique à devenir de plus en plus une société de spectacle [4].

Certes, la « spectacularisation » de la politique a toujours existé, mais la télévision lui a donné une dimension disproportionnée, au point que le paraître a envahi, si ce n'est étouffé, l'être. Et il est évident que la séduction exigée de l'homme public participe de ce pouvoir que détient maintenant le spectacle [5].

Les hommes politiques en sont conscients et ont poussé un cri d'alarme : « Le monde politique donne le sentiment de devenir une sphère close, vouée à

---

4. Voir à ce sujet Georges Balandier, *Le Pouvoir sur scènes*, Balland, 1992.

5. Voir aussi Jean-Marie Cotteret, *Gouverner, c'est paraître*, PUF, 2e éd., 1997.

la palabre, animée de ses propres paroles transformées en événements et n'entretenant qu'un lien évanescent avec la réalité[6] », dénonçait Michel Rocard en 1995.

En effet, la séduction nécessite – ou du moins devrait nécessiter – un équilibre entre l'exigence à l'égard de soi et la complaisance à l'égard de l'autre. Tout bon rhéteur, comme tout téléspectateur averti, devrait garder à l'esprit ce principe de Marc Aurèle : « Habitue-toi à être attentif à ce qu'un autre dit, et autant que possible entre dans l'âme de celui qui parle. » Encore faut-il que ce dernier ait conservé son âme, ou qu'elle soit encore perceptible derrière son costume de scène.

Les attentes de cet auditoire hybride étant souvent, par nature, contradictoires, répondre à chacun de ses désirs tout en trouvant un juste équilibre entre la volonté de séduire et celle d'exprimer ses propres opinions constitue un véritable tour de force.

On reprochait à Aristippe de s'être abaissé devant le tyran Dionysios au point de se mettre à ses pieds pour être entendu. Aristippe plaida que ce n'était point sa faute mais celle de Dionysios, qui avait les oreilles dans les pieds.

Cette image, sous son aspect caricatural, indique simplement à quel point, pour plaire, l'adéquation doit être totale entre l'émetteur et le récepteur. Or, si cette adéquation est relativement facile à obtenir

---

6. *Télérama*, n° 2392, 15 novembre 1995.

dans une communication interpersonnelle où les possibilités d'adaptation, donc de séduction, sont permanentes, en revanche, dans la communication audiovisuelle, les paramètres sont totalement différents. Face à la caméra, l'orateur doit séduire aussi bien la grand-mère de quatre-vingts ans que son petit-fils de dix-huit ans. Y a-t-il une solution miraculeuse? La réponse est bien sûr négative.

Certains orateurs ont privilégié telle ou telle catégorie d'électeurs, essayant, selon la technique du découpage en rondelles de saucisson, de les séduire tour à tour, en fonction des exigences du moment. Mais, s'ils tiennent un discours axé sur les jeunes, combien d'autres électeurs vont-ils repousser? Et, parmi ceux qu'ils auront réussi à séduire, combien leur feront encore confiance s'ils changent de discours en fonction du moment?

Reste alors à trouver un discours passe-partout, où le contenu, vide de sens, se réduira à des «petites phrases» ou à des métaphores approximatives. Le tout évidemment dissimulé sous une apparence, elle, séduisante. En bref, il ne restera souvent d'un programme ou d'un discours qu'une ou deux formules qui constituent tout au plus une ébauche de pensée ou des fragments de doctrine. Autant de tours de passe-passe qui disparaîtront en fumée le jour où un autre magicien, plus créatif ou moins démodé, fera sortir de son chapeau une nouvelle petite phrase à succès.

2

Les trois S de la crédibilité

Être crédible pour plaire

Il y a une sorte d'osmose entre la faculté de plaire et la confiance accordée à un individu. Les notions de confiance et de séduction entretiennent une relation interactive qu'aucun rhéteur ne saurait négliger. Selon Aristote, l'orateur devait posséder trois qualités pour inspirer confiance : la prudence, la vertu, la bienveillance. Nous n'en sommes plus là !

Le capital confiance, aujourd'hui, c'est la « crédibilité ».

Or la crédibilité moderne ne dépend pas de qualités tangibles dont on peut repérer les signes de présence dans le discours. Elle n'est pas plus fonction du degré de véracité ou de sincérité du discours qu'elle n'est le fruit d'un quelconque effort de l'orateur en ce sens.

À la télévision, elle est ce qui s'apparente le plus à ce qu'on a coutume d'appeler l'inné. On inspire confiance ou pas. On naît crédible mais on ne le devient que rarement. C'est l'éternelle question que posaient les opposants à Richard Nixon : avec la tête qu'il a, est-ce que vous lui achèteriez une voiture d'occasion? En termes de télévision, cela s'appelle «passer le tube». S'il n'y a donc pas de règle pour asseoir sa crédibilité, un certain nombre d'artifices peuvent néanmoins la renforcer : des lunettes ou un costume sombre avec cravate, par exemple. Beaucoup d'hommes politiques ne s'en sont pas privés, mais, le plus souvent, ces paillettes ne sont pas suffisantes, fort heureusement.

Certes, la construction artificielle de la crédibilité d'un homme politique a souvent été tentée. Cela passe nécessairement par une fabrication de son image.

En somme, après s'être assuré de sa notoriété, on vend un homme politique comme n'importe quel produit de grande consommation, en accentuant ou en inventant des qualités qu'on présente comme extraordinaires. Et la communication politique, qu'on appelle publicité lorsqu'il s'agit de marchandises, s'inspire des principes fondamentaux de la rhétorique.

Si la crédibilité est un «état» dont les paramètres – qui ne répondent plus aux critères aristotéliciens – sont difficiles à cerner, on peut néanmoins constater l'existence de facteurs de crédibilité, qui sont au nombre de trois. On ne fait plus confiance à un homme politique pour sa bienveillance, sa vertu ou sa prudence, mais pour son caractère sensé, sincère et sympathique. C'est la règle que nous appellerons des « trois S ». On pourrait penser que les qualités requises pour que soit établie la crédibilité d'un homme politique sont plus nombreuses. Mais toutes les études ont montré que ces trois qualités y contribuent à 95 %. Seules les proportions entre elles varient, au gré des électeurs ou des événements !

S comme sensé

L'orateur cathodique – et *a fortiori* l'homme politique qui se propose non seulement de s'adresser au téléspectateur mais de le représenter dans le cadre démocratique – doit d'abord être sensé. Il doit incarner un subtil mélange de compétence et de bon sens, au point de susciter chez le citoyen une envie de lui demander conseil.

Tout citoyen-téléspectateur a besoin de reconnaître dans celui qui parle une compétence qu'il ne possède pas lui-même. En effet, s'il possédait les compétences nécessaires en économie, dans le domaine social ou dans toute autre matière, il ne déléguerait pas ses propres pouvoirs au moment de voter. C'est précisément ce supplément de compétence qui légitime l'existence même de l'homme politique et qui doit apparaître, voire être souligné, à la télévision. À lui précisément de démontrer qu'il détient un savoir ou une capacité à trouver des solutions qui échappent au commun des mortels. Il peut d'ailleurs user de subterfuges pour mettre en valeur des compétences particulières ou les simuler si elles lui font défaut. L'important reste que cette faculté se reflète dans ses propos, mais de façon simple, ou simplifiée, afin de ne pas effrayer l'auditoire par un étalage trop ostentatoire de connaissances.

Par exemple, l'homme politique peut d'abord participer à des émissions habilement construites où on lui attribue un savoir qu'il n'a pas : tel homme politique parlera verlan, ou récitera des vers pour faire croire à sa grande culture, tel autre donnera le sentiment de maîtriser l'économie ! Puis cette crédibilité est généralement étayée par une campagne médiatique où des qualités exceptionnelles lui sont attribuées à travers des faits mineurs. Mais la compétence, qui s'acquiert et qui est donc, ou devrait être, à la portée de tous, ne suffit pas. Cela peut même devenir un obstacle, notamment à la compréhension du discours, si elle n'est pas domestiquée par une autre qualité, le bon sens, qui complète parfaitement le savoir en le rendant plus familier, plus accessible. Des explications très techniques ou complexes peuvent ainsi malgré tout entraîner l'adhésion d'un esprit qui, si on ne l'aidait pas à s'appuyer sur le bon sens, les rejetterait faute d'en comprendre immédiatement le sens.

Car le bon sens, contrairement à la compétence, ne dépend ni de l'acquis ni du degré d'instruction de l'individu.

S comme sincère

L'homme politique doit ensuite paraître sincère. La sincérité, c'est l'absence de mensonge, de dissimulation de la pensée. De toutes les qualités requises, c'est certainement celle que les citoyens reconnaissent avec le plus de réticence aux hommes politiques. Dans la mesure où leur voix conditionne l'arrivée au pouvoir de candidats qui se situent dans une relation de rivalité, les téléspectateurs sont nécessairement méfiants. Et, inévitablement, leur méfiance se focalise sur cette question : est-il sincère ou cherche-t-il à nous séduire à tout prix? Cette question est cruciale. La dernière décennie, avec ses innombrables scandales politiques qui démontrent l'hypocrisie des protagonistes les plus proches du pouvoir, quel que soit leur clan, n'a fait que renforcer ce sentiment. Enfin, depuis le scandale déclenché par la médiatisation truquée de la guerre du Golfe, les citoyens sont doublement méfiants, non seulement à l'égard des hommes politiques, mais à l'égard des images transmises par la télévision. En remettant en question la valeur informative et subjective, en un mot la crédibilité, de l'audiovisuel, la fin du siècle a renforcé l'esprit critique et soupçonneux des citoyens. En bref, aujourd'hui, pour les Français – et de nombreux sondages le démontrent –, l'homme politique est trop souvent celui qui ment.

La sincérité est un mélange d'honnêteté et de naïveté. Selon les périodes, l'honnêteté est plus ou moins indispensable parmi les qualités d'un homme politique, puisqu'elle est l'élément qui le tient éloigné de toute compromission, qu'elle soit financière ou d'une autre nature. L'homme honnête, à la différence de l'honnête homme qui n'a simplement rien à se reprocher, est celui que l'on ne pense pas « capable » de malhonnêteté, celui dont la nature candide, dont la droiture morale, relèvent du naturel et non du calcul. Cela implique une certaine dose de naïveté, mais une dose homéopathique, de manière que sa candeur n'hypothèque pas ses capacités de gagneur. À condition que ce soit en eau claire, il est en effet admis, et même recommandé, que l'homme politique, lui qui doit mener la barque dans laquelle les citoyens sont installés, sache naviguer.

S comme sympathique

Si la sincérité est la qualité qu'on reconnaît le moins facilement aux hommes politiques, la sympathie est certainement celle qu'ils ont, comme tous les orateurs d'ailleurs, le plus de mal à construire artificiellement. Contrairement à la sincérité, au bon sens et à la compétence, que l'orateur a la possibilité de simuler ou même d'acquérir, la sympathie, elle, ne dépend pas que de lui. En effet, la sympathie n'est pas une qualité mais une *relation*, dans laquelle le téléspectateur intervient tout autant que l'homme politique. Elle n'est d'ailleurs ni une qualité, ni même une vertu, mais un don, une propension naturelle à éveiller des sentiments favorables, à susciter des affinités, à créer des liens positifs avec autrui.

Et cependant, là aussi, dans ce domaine pourtant magique et inexplicable qui se rapproche de celui de l'amour, l'homme politique peut tricher. Pour cela, il faut exploiter tout ce qui relève du rapport à son prochain : la capacité d'écoute, la connaissance de l'autre, la complicité... autant de signes susceptibles de susciter la sympathie sans cependant l'assurer entièrement. Mais il est très délicat, d'autant plus que l'orateur fait face à un public invisible, de simuler ce don naturel qui porte certaines personnes, d'instinct, vers les autres. Ce genre de qualité, qui se rapporte à la faculté d'adaptation du locuteur, se fabrique difficilement.

Parmi les vecteurs de sympathie, il faut aussi, parfois, ajouter le courage. Lorsque ceux qui ont pour vocation de prendre des décisions à l'échelle nationale ont tendance à se retrancher frileusement derrière une attitude si répandue qu'il a fallu lui attribuer un nom – le « politiquement correct » –, le courage devient une denrée rare, et donc chère aux citoyens.

Mais, là encore, nous sommes en présence d'une vertu « naturelle » qui dépend de la personnalité de l'orateur, de son aptitude à énoncer des mesures, des idées, des faits, au risque qu'ils soient perçus comme impopulaires... au risque de perdre de précieuses voix et de mettre en danger sa propre carrière. Il faut du désintéressement et de l'altruisme pour se mettre en danger dans le but de dire ce que l'on considère comme la vérité. Et, avant même de la dire, il faut bien sûr la rechercher ! Si ces exigences morales ne se fabriquent pas, une attitude et un discours qui évoquent la franchise et la simplicité sont certainement les signes les plus visibles de leur existence et demeurent le meilleur moyen de les exprimer ou simplement de les suggérer.

Heureusement pour les conseillers en communication, le degré de sympathie suscité par un individu ne dépend pas seulement de ses qualités morales. Ce qu'on appelle la « présence », la faculté de manifester avec force sa personnalité, dépend évidemment de celle-ci. Mais, bien que l'apparence reflète nécessairement la personnalité, l'habit ne fait pas le moine. L'apparence, qui va de la coupe des cheveux à celle du costume, peut donner une certaine aura à un individu qui, faute de goût ou de savoir se mettre en valeur, passerait totalement inaperçu. On ne se comporte pas de la même manière en smoking qu'en jogging. Il va de soi que l'apparence physique produit aussi un effet non négligeable sur le téléspectateur.

Quintilien notait déjà : « Si les mots font certes grande impression par eux-mêmes et si la voix ajoute aux idées une valeur propre, si les gestes et les mouvements ont une certaine signification, à coup sûr le concours de tous ces éléments doit donner nécessairement quelque chose de parfait. »

La communication non verbale participe donc aussi à la capacité de séduction. C'est d'autant plus important que l'image télévisuelle est un révélateur impitoyable. Elle transmet d'innombrables informations qu'il est très difficile d'appréhender et encore plus de maîtriser.

3

L'ORATEUR : ALCHIMISTE DU DISCOURS

L'alchimie du discours : un savoir inaccessible ?

Plaire n'est donc pas donné à tout le monde. La crédibilité, cet atout dont nous avons présenté les conditions principales, est certes une qualité essentielle dans le domaine politique, mais il en faut bien d'autres pour séduire les téléspectateurs.

À l'origine de ce résultat – on est tenté de dire de ce miracle, compte tenu des facteurs incontrôlables qui entrent en jeu dans le processus télévisuel de séduction –, intervient une véritable alchimie. En effet, au-delà des connaissances objectives qu'il « suffit » d'apprendre, entre en action un savoir qui échappe au domaine du rationnel et puise dans des ressources innées, naturelles, qui font toute la différence entre un phraseur et un bon rhéteur. Que les hommes politiques se rassurent, les dons requis pour « passer le tube » sont le plus souvent à leur portée s'ils se donnent la peine d'aller les chercher en eux-mêmes, où ils sont parfois enfouis très profondément. Quant aux connaissances palpables dont ils ont besoin – pour faire surgir leurs qualités cachées et pour les utiliser à bon escient –, elles peuvent s'acquérir.

C'est d'ailleurs par souci pédagogique, afin que chacun puisse assimiler ce savoir particulier, qu'Aristote s'était donné la peine d'en élaborer la méthode. Malheureusement pour nos contemporains, les changements engendrés par l'arrivée de la télévision au sein de notre système de communication en ont considérablement modifié le processus. Si certains repères fournis par la *Rhétorique* demeurent invariables, nombre d'entre eux, n'étant plus d'actualité, nécessitent d'être redéfinis, voire éliminés. D'autres, qui n'avaient alors pas lieu d'être, doivent faire l'objet d'une véritable réflexion. En bref, il est grand temps d'effectuer ce travail qui consiste à répertorier tous les éléments de la rhétorique moderne – c'est-à-dire audiovisuelle.

Le sourire, la voix, la vitesse d'élocution et l'accent, le regard, la posture et la gestuelle, tous ces détails doivent être soigneusement étudiés et contrôlés par le rhéteur audiovisuel. Compte tenu des attentes du public à l'égard des hommes politiques et du média qui les relie aujourd'hui (la télévision), ces éléments de séduction – qui, faute d'être maîtrisés, peuvent devenir autant de facteurs de rejet – méritent d'être précisés.

Nous commencerons par le visage, qui est l'élément de séduction par excellence. C'est d'ailleurs sur le visage, véritable point de mire du cameraman, que l'image est cadrée. Il exprime une large gamme d'expressions, au point que certains auteurs ont pu noter que c'était le meilleur « menteur non verbal », au travers surtout des yeux et de la bouche.

Le sourire

Quoi de plus séduisant, de plus attirant qu'un sourire ?

Quel que soit le rôle que les hommes politiques sont amenés à jouer au cours d'une émission télévisée, le sourire reste l'arme la plus efficace dont ils disposent pour vaincre les résistances du téléspectateur. Qu'on prenne exemple sur Bill Clinton, qu'on ne peut imaginer qu'un sourire aux lèvres, symbole de la victoire et de la sérénité. Devant les appareils photographiques comme devant les caméras, le mot d'ordre est *cheese*, comme disent les Anglo-Saxons. C'est probablement la règle la plus injuste, car nous ne sommes pas tous à égalité en matière de dentition. Le handicap d'un ancien président de la République, qui ne pouvait sourire sous peine de paraître carnassier, était ses canines... Seule une opération devait lui permettre d'affronter les caméras dans de meilleures conditions !

Combien de questions embarrassantes peuvent être désamorcées par un simple sourire ! N'est-ce pas également le meilleur lien de connivence ? De plus, le sourire peut exprimer une multitude de sentiments, qui ne se limitent pas à une joie béate, et parfois déplacée, il faut l'avouer, quand il s'agit d'annoncer des nouvelles graves à l'antenne. Gêne, complicité, ironie, satisfaction, enthousiasme, délectation, nostalgie et même tristesse... tout peut se dire par un sourire. Il suffit de s'entraîner. La gamme est très étendue, et ses nuances n'échappent pas au téléspectateur qui, se tenant sur ses gardes dans l'espoir de démasquer le menteur derrière le séducteur en puissance incarné par l'homme public, est peut-être en définitive plus attentif aux subtilités du discours et à ses non-dits qu'au message.

La voix

Sourire ne suffit pas. Ceux ou celles qui abusent de ce procédé en le substituant au discours ne tardent pas à être taxés de « potiches », voire d'imbéciles heureux. La voix, qui donne vie à la parole et la fait vibrer, est un précieux archet qui permet d'obtenir des effets prodigieux. C'est la baguette du chef d'orchestre ou celle, magique, de la fée. Encore faut-il savoir utiliser cet outil, qui peut – comme dans le fameux conte – faire surgir de notre bouche aussi bien des crapauds que des pierres précieuses.

La voix permet d'identifier une personne presque aussi sûrement que ses empreintes digitales, et en tout cas de façon plus médiatique. Les voix, et en particulier les voix radiophoniques qui sont par définition sans visage, sont certainement aussi connues du public et reconnaissables que les figures des présentateurs de télévision. Une voix est obligatoirement associée à une image. Immatérielle, elle est évocatrice par excellence. Elle n'appartient pas à l'ordre du tangible, du palpable, mais, d'une certaine manière, à celui de l'imaginaire et du rêve. Aussi la voix peut-elle dépasser, transcender dans le meilleur des cas, la réalité. Ses potentialités sont donc illimitées, tout comme ses effets sur le téléspectateur ou l'auditeur.

Mais là non plus nous ne sommes pas égaux. Une voix qui passe mal peut littéralement détruire l'image d'un homme ou d'une femme qui, par ailleurs, présente bien, s'exprime intelligemment et sourit de toutes ses dents. L'exemple de Jacques Chaban-Delmas reste présent dans toutes les mémoires. Une voix particulièrement – c'est-à-dire « trop » – stridente ou sourde n'est pas forcément un handicap à condition que le reste (l'aspect physique comme la personnalité qui en émane) y soit adapté.

Si le son doit correspondre à l'image, le pire, en matière de voix – et c'est logique puisqu'il s'agit d'un aspect personnel de l'individu –, est encore de se situer dans l'anonymat, de ne pas se distinguer de la masse. Ici, donc, la norme et l'ordinaire sont à proscrire. Heureusement pour ceux qui ont une voix « commune » et qui souhaitent engager une carrière politique, ou du moins publique, il est possible de modifier certains aspects de la voix. Qu'il s'agisse du timbre, de l'intonation, de l'articulation des sons, tout peut s'améliorer avec un peu de volonté et beaucoup d'efforts. Les acteurs savent, pour avoir passé des heures à articuler la même phrase ou le même mot devant un miroir, qu'une bonne diction est le fruit d'un long travail. Trouver le ton juste, celui qui mettra en évidence tel ou tel mot, en fonction du sens et de la dimension qu'on souhaite lui attribuer, demande tout autant d'entraînement.

Parce qu'elle permet de ponctuer, de mettre du relief dans le paysage du discours, la voix et ses innombrables possibilités méritent d'être soignées. Parmi les points de perfectionnement, deux sont à retenir comme indispensables : la vitesse d'élocution et l'accent.

La vitesse d'élocution et l'accent

La télévision exige un débit uniforme, une vitesse d'élocution régulière et sans temps morts. La vitesse d'élocution, avec laquelle le rhéteur « traditionnel » jouait à loisir pour attirer l'attention du public, doit rester constante à la télévision. Le débit ne pouvant plus varier, il faut donc renoncer à tous les effets de surprise qu'une brusque accélération, une pause ou un ralentissement progressif rendaient possibles. Pour passer le tube cathodique, il faut adopter une cadence régulière. La vitesse de croisière se situe à 150 mots par minute. Au-delà de 170, c'est l'infraction caractérisée, car cet excès de vitesse ne permet pas la mémorisation du message. Au-dessous de 120, l'orateur donne l'impression de chercher ses mots et d'avoir une pensée déficiente, car pour la plupart des téléspectateurs « ce qui se conçoit bien s'énonce clairement ».

À titre indicatif, la vitesse d'élocution moyenne des hommes politiques qui occupent le devant de la scène se situe entre 180 et 140 mots par minute. Rocard est en tête, avec une moyenne de 180 mots, talonné par Le Pen à 165, suivi de Jospin, Barre et Giscard qui arrivent tous les trois à 150, puis de Chevènement à 145. Chirac et Fabius se partagent à égalité la dernière place, avec 140 mots à la minute [1].

Bien sûr, il existe des exceptions, des marginaux de la vitesse d'élocution, mais on les trouve rarement derrière les caméras de télévision. Ce sont de célèbres orateurs parlementaires, comme Paul Déroulède, Francis de Pressensé et René Viviani, qui dépassent les 200 mots à la minute [2]. Mais ces cas sont rares et, surtout, s'ils sont tout à fait adaptés à un discours prononcé en présence d'un public, ils n'auraient aucune chance de « passer le tube » à cette cadence.

Ces chiffres n'ont qu'un sens relatif. La lenteur, si elle permet une bonne mémorisation, n'est pas un

---

1. Jean-Marie Cotteret, Gérard Mermet, *La Bataille des images*, Larousse, 1986. À titre de comparaison, un chef du service sténographique de la Chambre des députés a relevé la vitesse d'élocution des plus grands orateurs parlementaires. Voici les vitesses moyennes d'élocution de quelques hommes publics. Louis Marin et Albert Sarraut prononcent respectivement 185 et 180 mots par minute. Quant à Joseph Caillaux et Raymond Poincaré, ils sont à 165 et 160 mots. Aristide Briand oscille entre 145 et 150 mots, Alexandre Millerand est à 130 mots et Jean Jaurès à 120 mots.

2. André Guérin, *La Vie quotidienne au Palais-Bourbon à la fin de la IIIe République*, Hachette, 1978.

signe de bonne conduite pour autant. Il ne s'agit pas de confondre débit régulier et monotonie, car l'objectif n'est pas de bercer le téléspectateur jusqu'à ce qu'il s'endorme ou change de chaîne. Mieux vaut donc adopter une élocution rythmée.

Quant à l'accent, il vaut mieux ne pas en avoir un trop prononcé. D'une part, pour ne pas nuire à la compréhension du discours, d'autre part, pour ne pas imprimer de façon trop marquée l'appartenance régionale de l'orateur. En effet, apparenté et assimilé à une région précise, l'accent peut entraver l'objectif de tout rhéteur cathodique, qui consiste à plaire à un maximum de personnes. Même si la cible qu'il s'est fixée est restreinte, rappelons qu'en passant à la télévision il s'adresse – même involontairement – à tous les hommes et à toutes les femmes parlant la langue dans laquelle il s'exprime et captant la chaîne de télévision qui diffuse son discours, en France comme à l'étranger. L'accent induit donc une restriction géographique qui s'oppose par définition à la communication télévisuelle, censée traverser les frontières régionales. En effet, si un accent du terroir peut produire un effet séduisant, voire flatteur, sur les personnes originaires de la région correspondante, il y a de fortes chances qu'il soit perçu comme un défaut par les autres.

Des études nombreuses ont été menées pour savoir si un homme politique parlant avec un accent arrivait à séduire davantage les électeurs qu'un orateur sans accent. Les conclusions coulent de source : ses scores augmentent auprès de ceux qui possèdent le même accent que lui, tandis qu'ils chutent chez les personnes auxquelles cet accent est étranger.

L'accent ne relève d'ailleurs pas seulement d'une appartenance régionale. Il peut faire référence à un milieu social particulier, ce qui ne revient pas tout à fait au même sur le plan des inconvénients. Si l'on peut parler d'accent pour caractériser une façon spécifique de prononcer des mots, on peut considérer qu'un accent « précieux » traduit une volonté de se démarquer dont Molière avait déjà souligné le ridicule au XVIIe siècle. Quant à l'« accent » de Georges Marchais, dont personne ne pourra oublier le phrasé légendaire, il s'inscrit dans une tradition populaire jusqu'à en devenir une caricature clownesque. Cependant, dans le domaine de la politique, l'accent « social » semble plus payant que l'accent régional si l'on en juge par le succès des orateurs « marqués » socialement. Une gouaille banlieusarde ou une prononciation affectée peut aussi contribuer à l'essor médiatique de l'orateur, qui a alors tout intérêt à cultiver son « accent ». Quoi de plus rassurant que de constater que l'homme politique censé représenter la classe sociale à laquelle on appartient l'incarne jusqu'au moindre détail. Si tout son être respire ces valeurs spécifiques, quitte à en devenir une caricature, c'est qu'il est sincère – du moins serait-ce logique.

Le regard

Avec une posture naturelle, un sourire, une voix identifiable, une prononciation sans accent et un débit d'environ 150 mots par minute, l'orateur devrait « passer le tube » plus facilement. Mais cela, bien sûr, ne suffit pas. Les yeux parlent tout autant que la bouche, et parfois démentent ce qu'elle exprime. Notre regard ne fait pas que refléter nos sentiments ou nos pensées, il les trahit parfois. S'il est relativement aisé de composer un sourire de circonstance ou de dire des choses qu'on ne pense pas, il est plus difficile de « forcer » notre regard à exprimer ce que nous ne ressentons pas. On peut cependant jouer, aussi, avec le regard. C'est ce que font les comédiens, plus ou moins brillamment, chaque fois qu'ils sont sur scène ou face à une caméra. Mais nous n'en sommes heureusement pas arrivés à demander aux hommes politiques de devenir des professionnels dans ce domaine. En revanche, ils doivent savoir que, le temps d'un regard, tout se perd ou tout se gagne, en tout cas tout se joue.

Les premières secondes où, à travers l'objectif de la caméra, l'homme politique croise le regard du téléspectateur, qu'il ne voit pas, constituent probablement le moment le plus important de la communication télévisuelle. Comment accrocher le regard d'un téléspectateur invisible ? Toute la magie de la communication réside dans cette quête de celui qui parle, quand il scrute le fond de l'objectif comme si l'œil de l'autre devait s'y trouver.

Regarder les yeux de la personne à qui l'on s'adresse revient en effet à lui signifier qu'on désire attirer son attention, qu'on l'inclut dans sa communication. Des chercheurs américains ont remarqué que, lorsqu'une personne se sentait regardée, la perception du regard de l'autre augmentait son rythme cardiaque. On peut difficilement en demander autant au regard cathodique, mais l'idée reste la même : rompre le contact visuel en détournant le regard de l'objectif diminue la vigilance de l'interlocuteur et réduit l'intérêt qu'il porte à ce qu'il écoute. Quitter le téléspectateur des yeux, c'est donc prendre le risque de disparaître aux siens. Il n'est pourtant pas question de le fixer tout au long du discours. Non seulement le téléspectateur pourrait se sentir gêné – même s'il sait qu'il échappe au regard de l'orateur –, mais cette insistance figée pourrait être interprétée comme une marque d'agressivité ou d'hébétude.

Une fois le contact établi, le regard doit accompagner le discours. À travers les yeux passent l'approbation, la réprobation, la malice ou le dégoût. Le regard peut constituer à lui seul une communication non verbale et se suffire à lui-même. Mais, s'il accompagne le discours, il doit toujours être synchrone et compléter le message véhiculé par les mots, car le moindre relâchement du regard atténue la pertinence du propos. C'est pourtant trop souvent le cas, compte tenu de la difficulté qu'éprouve l'orateur à soutenir le « regard » d'une caméra inerte. Il faut donc oublier la caméra et ne penser qu'aux millions de regards que contient cet objet insignifiant.

Un regard flou, flottant, ne fait que renforcer le sentiment de mensonge ou d'inexactitude créé par les paroles. Or, si de nombreux hommes politiques ont compris l'importance de la première minute d'antenne, combien d'entre eux réussissent à conserver cette tension du regard tout au long de leur intervention ?

Quelques « recettes » facilitent cependant ce délicat exercice. Lors d'une allocution directe, le fond de l'objectif ne doit pas être quitté des yeux, quoi qu'il en coûte, car la caméra ne se détourne pas un instant de l'orateur, qui est le seul sujet filmé. Lors d'une interview, ce sont les yeux du journaliste qui servent de point de ralliement. Dans ce cas-là, bien que l'objectif se détache par moments de l'orateur pour se fixer sur son interlocuteur, aucun relâchement n'est possible, sauf lorsqu'on est assez familier de la télévision pour savoir à quel moment exactement on n'est pas filmé. C'est cependant un jeu risqué, même si les mouvements de caméra n'ont aucun secret pour l'orateur. En effet, rien n'est plus dangereux que les plans de coupe qui débusquent un visage inattentif, voire somnolent, au moment où la personne filmée s'y attend le moins.

Ces conseils pratiques sont indispensables, certes, mais pour réussir à garder un regard soutenu il faut de l'entraînement et apprendre à compter sur la complicité du réalisateur.

Chaque type d'émission possède ses propres règles, selon qu'il s'agit d'une interview, d'un débat ou d'un discours direct. En général, au début de l'interview, l'orateur et l'interviewer se regardent l'un l'autre. Mais, sur le finale, l'homme politique est parfois tenté de quitter le journaliste des yeux pour fixer la caméra en appuyant sur les mots clés du discours afin de graver profondément son message dans l'esprit des téléspectateurs.

La tentation est louable, mais l'exercice périlleux : parmi les caméras du plateau, il faut être certain de trouver la bonne. On peut imaginer le désarroi de celui qui se tromperait de caméra et l'éclat de rire du téléspectateur qui signerait le lamentable échec du rhéteur ! Pour éviter ce type d'incident, fort rare au demeurant, mieux vaut se contenter de regarder le journaliste jusqu'à la fin. En effet, personne n'est dupe du caractère artificiel, voire méprisant, du procédé qui consiste à s'adresser directement au téléspectateur en négligeant son interlocuteur direct. Dès 1966, Pierre Dumayet avait d'ailleurs préconisé cette solution dans son article sur l'interview télévisuelle :

« L'idéal est la distance la moins grande ; il faut pouvoir boire les paroles de l'interviewé et garder son regard dans le vôtre. Si vous laissez errer son regard, vous êtes perdu et lui aussi. En effet, c'est plus par le regard que par les paroles qu'on assure la continuité de l'interview. Pour l'interviewé, le regard est la forme, l'expression visible de l'attention qu'on lui prête. Si pour une raison quelconque le regard, le lien entre l'interviewer et l'interviewé, sont rompus, il ne se passe plus rien. L'interviewé comprend-il tout cela lui-même ? Non. Souvent, il demande à l'interviewer : “Où dois-je regarder, que dois-je regarder ?” On lui répond évidemment :

“Mais ne vous occupez pas des caméras, ce sont les caméras qui s'occupent de vous.” Pourquoi les ministres regardent-ils toujours la caméra et jamais l'interviewer? Parce qu'un ministre considère qu'il flatte le public en s'adressant à lui et que l'interviewer est un intermédiaire nécessaire mais subsidiaire, voire fâcheux, entre le public et lui. Une interview de ministre est un classique de la télévision. Il y a un triangle : ministre, caméra et interviewer. Le jeu est le suivant : l'interviewer pose une question que le ministre connaît, le ministre fait semblant d'écouter l'interviewer pendant le temps de la question, quelquefois dix secondes de plus, et ensuite il répond à la caméra, et le petit jeu continue. Entre l'interviewer et le ministre il ne se passe rien. C'est une des raisons pour lesquelles les ministres sont également inaudibles : parce qu'il n'y a pas de regard, il n'y a pas de présence, et que c'est le regard qui assure la présence[3]. »

La posture et la gestuelle

Parmi les facteurs qu'il est possible de contrôler et qui font bonne impression, la posture est capitale. Dans ce domaine encore, il faut chercher le point d'équilibre, parfois à tâtons. Il se situe à mi-chemin entre le guindé, vecteur d'un malaise contagieux

3. Pierre Dumayet, « L'interview télévisuelle », in *Communications*, n° 7, 1966, p. 56.

qui gèle toute velléité de communication, et le laisser-aller, qui serait interprété comme un signe de mépris à l'égard du téléspectateur. Le plus sûr moyen de plaire est encore d'adopter une posture « naturelle », bien que ce soit la plus difficile à obtenir et surtout à conserver face à une caméra. Une caméra derrière laquelle, rappelons-le, car l'homme politique ne doit pas l'oublier un seul instant, se cachent des millions de paires d'yeux. Pour illustrer cet écueil et filer la métaphore du funambulisme, il suffit d'imaginer à quel point il peut être difficile de paraître naturel quand on se trouve en équilibre sur un fil à dix mètres au-dessus du sol !

Comme on le voit malheureusement trop souvent à l'écran, les hommes politiques ne réussissent pas toujours ce tour de force. En fonction des époques et des modes, ils ont tendance à se rigidifier dans le coincé ou au contraire à se dissoudre dans le négligé, bref, à en faire trop. Nombre d'entre eux, surtout depuis qu'il est de bon ton de montrer qu'on peut être proche du peuple tout en le gouvernant depuis le sommet, s'imaginent qu'une attitude faussement décontractée est bien perçue. C'est évidemment une erreur qui, au mieux, prête au ridicule et, au pire, peut détruire toute la crédibilité d'un individu.

Inutile donc de se forcer à mâcher du chewing-gum, de rentrer les épaules ou de se tenir avachi sur son siège dans le but de paraître « cool ». Personne ne s'y trompe. Et cela même si cette décontraction est naturelle. Car l'effet produit par une allure dépend moins de son degré de spontanéité que de son degré de vraisemblance. Si Johnny Halliday troquait son pantalon de cuir et le phrasé qu'on lui connaît contre le costume gris sombre et le langage recherché de Giscard d'Estaing, le résultat serait catastrophique ; il en serait de même en sens inverse. Ce qui importe avant tout, c'est en effet de conserver une cohérence entre l'image attendue par le téléspectateur et celle qui lui est proposée. L'image attendue résulte d'un acquis inscrit dans le temps qu'il est à la fois dangereux et vain de vouloir effacer en quelques secondes. C'est pourquoi, quelle que soit la posture adoptée et qu'elle corresponde à un penchant naturel ou non, il est préférable d'y avoir habitué le téléspectateur progressivement.

La posture, ou plus généralement l'allure, est le produit de divers éléments qui vont des mimiques du visage aux vêtements en passant par les gestes dont on ponctue le discours. L'ensemble doit paraître harmonieux, ce qui n'est pas facile à obtenir.

Tout notre corps doit se mettre au service du message que l'on veut faire passer à l'antenne. Certes, mais que faire de ses mains à la télévision ? Si utiles hors champ, elles deviennent on ne peut plus encombrantes face aux caméras. Tous ceux qui ont eu à faire une allocution télévisée se posent la question. En suivant scrupuleusement quelques principes de base, ils peuvent résoudre le problème.

Le mouvement des mains est coordonné au reste du corps : à la position du buste, du cou, du bassin, des jambes. La posture du corps influençant celle des mains, et inversement, il faut à tout prix éviter certaines poses – par exemple, être assis au fond d'un fauteuil les mains sur les genoux. Un plateau de télévision n'est pas un salon. Par contre, se tenir assis derrière une table facilite la recherche d'une posture et d'une gestuelle naturelles et adaptées à la situation : mains à plat, bras ouverts, face à la caméra ou à son interlocuteur en évitant soigneusement que les mains ne s'agitent fébrilement ou ne tripotent le premier objet trouvé sur la table, crayon ou stylo le plus souvent. Cependant, tout au long du discours, les mains doivent savoir renforcer opportunément les paroles prononcées, sans excès bien sûr, mais avec la fermeté qui convient. Ainsi, lorsque vous annoncez un discours en deux points, montrez deux doigts pour souligner le chiffre deux. Si vous niez une idée avec virulence, n'hésitez pas à lever votre index en le remuant de droite à gauche, et même à accompagner le geste d'un signe de dénégation de la tête. Si au contraire vous accueillez favorablement cette idée et lui attachez une grande importance, vous pouvez vous permettre, tout en disant oui, et peut-être aussi avec un sourire, de lever les bras d'un geste large de bienvenue. Ces quelques exemples suffisent à montrer que les gestes des mains peuvent, en ponctuant le discours, le rendre plus vivant, plus évident et plus vrai. Ils sont d'ailleurs le plus souvent exécutés d'instinct, mais l'orateur doit constamment les surveiller, les mesurer, les contrôler.

Qu'il s'agisse des gestes des mains, de la posture du corps ou des expressions du visage, il est important que le non-verbal vienne soutenir la communication verbale.

Un seul impératif doit être absolument respecté : il faut qu'il y ait congruence entre ces deux modes d'expression. Alors, comme par magie, le discours s'en trouvera renforcé et la rhétorique plus convaincante.

Cas pratiques de communication non verbale

Pour illustrer ce concept, dont il serait aussi fastidieux qu'inutile de vouloir répertorier de manière exhaustive les multiples expressions, il paraît plus probant de prendre l'exemple de deux hommes politiques connus de tous et de comparer leurs modes respectifs de communication non verbale. Jacques Delors et Jacques Chirac se prêtent particulièrement à ce jeu dans la mesure où ils n'emploient pas les mêmes armes pour exprimer, hors des sentiers battus de la parole, leurs émotions et leurs idées. À les étudier de près[4], on s'aperçoit qu'ils se situent chacun aux antipodes de la communication non verbale. L'attitude générale de Jacques Delors est aussi peu expansive que celle de Jacques

4. Éléments tirés du mémoire d'Anne-Florence Fagès et Stéphanie Montagné, *La Communication non verbale dans la communication politique*, Paris-I, 1993-1994. On y trouve, entre autres, une étude comparative du comportement de deux hommes politiques lors de leur intervention sur le plateau de «7/7» (le 5 juin 1994 pour Jacques Delors et le 20 novembre 1994 pour Jacques Chirac). Voir p. 63.

Chirac est extravertie ; le premier semble aussi calme et posé que le second paraît tendu et spontané. En bref, ils sont chacun l'exemple vivant que la communication non verbale peut prendre autant de couleurs qu'en possèdent le discours et l'homme qui le prononce.

Chez Jacques Delors, tout ou presque passe par le mouvement des mains. Au cours de l'interview animée par Anne Sinclair, il pointe son doigt plus de quinze fois. Il ne s'agit pas d'un geste léger ou anecdotique, mais d'un doigt moralisateur, qui conseille, rassure, donne des leçons... et qui est en parfaite cohérence avec les propos tenus. Il joint aussi les mains une dizaine de fois et les desserre d'un geste machinal, sans amplitude, qui donne le sentiment qu'il prend soin d'écouter son interlocutrice avant de trancher. Les mains jointes symbolisent l'écoute ; en les écartant l'une de l'autre, il ouvre la voie à la parole et délivre la réponse. Le jeu des mains de Jacques Delors est très présent dans son discours, et il est rempli de sens : il exprime sa capacité d'écoute et de réflexion, sa sagesse et ses talents de conseiller. De manière plus générale, ses gestes sont peu variés, ce qui ne fait qu'accentuer le sentiment de stabilité, de régularité, de sécurité, qui émane de sa personne et de ses postures statiques au point d'être parfois un peu raides. Il reste penché de longs moments vers son interlocutrice dans une attitude d'écoute, haut du corps vers l'avant, regard baissé, bouche close, mains ou bras croisés. En position d'écoute, il se tient tendu vers celle qui parle, comme s'il s'imprégnait profondément de l'autre. Ces attitudes confirment l'image couramment véhiculée par cet homme réservé, réfléchi et discret, qui ne parle que quand on le lui demande, sans extravagance ni mise en scène.

Son regard ne dément pas cette image d'homme mûr, un peu effacé mais sûr de lui. Quand ses yeux ne sont pas dirigés sur ceux de l'interviewer (vingt-deux fois au cours de l'émission), il les tient baissés (dix-huit fois). Planté dans celui d'Anne Sinclair, le regard se fait direct et persuasif, il évoque la fermeté et l'assurance. Baissé humblement vers le sol, il donne l'impression d'une intense réflexion, d'une concentration intellectuelle, et correspond aux secondes qui précèdent ses réponses. À aucun moment le regard ne donne le sentiment d'errer : il est parfaitement maîtrisé par Jacques Delors.

Bref, le téléspectateur se trouve en présence d'une personnalité rassurante, qui inspire confiance.

Jacques Chirac, face à la même interlocutrice et dans la même émission télévisée, a une attitude radicalement opposée à celle de Jacques Delors. D'abord, sa stature est imposante et l'homme sait en jouer pour affirmer sa présence. Au lieu d'être lents et répétitifs, ses gestes sont secs, un peu raides et souvent gauches. Ils ne donnent pas l'impression de signifier quelque chose en soi, de couler de source, mais davantage d'avoir été préparés à l'avance et reproduits mécaniquement. Le plus souvent, les mouvements des mains se contentent de cadencer le débit de la parole, sans rien exprimer d'autre. Plus rarement, comme celles de Jacques Delors, ses mains sont refermées sur elles-mêmes dans une attitude de réflexion et d'écoute, en particulier lorsque c'est Anne Sinclair qui parle, mais ce geste n'est pas accompagné par son corps, qui reste droit, aux aguets, comme s'il était déjà prêt à « partir », comme si la réponse était sur le point de fuser. Cela donne le sentiment qu'on a affaire à un homme pressé et vif, débordant d'impétuosité, prompt à s'emporter.

Ses sourires, pourtant distribués généreusement, paraissent figés, voire crispés, tout comme ses gestes.

Mais l'essentiel de la communication non verbale de Jacques Chirac passe par les yeux : ronds, ils sont mobiles et leurs mouvements paraissent spontanés, si ce n'est incontrôlés. Ils se plissent en permanence pour préciser les propos tenus, se tournent vers le haut ou se posent sur une partie du corps de l'orateur quand celui-ci doit improviser et qu'il cherche l'inspiration. Ils reflètent, comme ses gestes, des qualités indéniables, telle la vivacité, mais trahissent une nervosité, une anxiété, peu compatibles avec la stabilité qu'on attend d'un homme de pouvoir. Tout comme ses regards, qui semblent la plupart du temps en quête de quelque chose – d'une réponse ou d'une précision supplémentaire –, Jacques Chirac donne dans cette émission l'image d'un homme « cathodiquement » malhabile.

Le personnage n'est pas à l'aise face aux caméras, et sa chaleur naturelle, que les téléspectateurs peuvent pourtant pressentir derrière cette attitude un peu gauche, n'arrive pas à traverser le tube cathodique. À sa décharge, notons que, depuis son passage à « 7/7 » en novembre 1994, Jacques Chirac a fait de sérieux efforts... À moins qu'on ne doive attribuer ses progrès à l'aura dont son statut de président de la République le nimbe.

Ces deux exemples montrent cependant, preuves à l'appui, qu'on peut être élu par les citoyens sans pour autant être un virtuose de la rhétorique audiovisuelle. Il n'en demeure pas moins qu'il est préférable de « passer le tube » brillamment, ne serait-ce que pour joindre l'agréable à l'utile, l'esthétique au pragmatique et le plaisir à la nécessité.

ANALYSE DES JEUX DE COMMUNICATION NON VERBALE

Jacques DELORS

	Description	Quantification	Interprétation
Les mains	– énumération	3 fois	– description de ce qui est dit
	– balayage vaste de la main	2 fois	– illustration
	– doigt pointé	15 fois	– menace, mise en garde
	– mains parallèles jointes	10 fois	– concentration sur ce qui est dit
	– pouce et index joints	6 fois	– précision dans le discours
	– main serrée sur le poing	6 fois	– écoute et repli sur soi
Les yeux	– regard vers le bas	18 fois	– recherche d'inspiration
	– regard direct vers A. Sinclair	22 fois	– écoute
	– regard enjoué	2 fois	– satisfaction
	– yeux écarquillés	1 fois	– étonnement
	– clin d'œil	1 fois	– complicité entendue
	– yeux fermés	2 fois	– réflexion

Jacques CHIRAC

	Description	Quantification	Interprétation
Les mains	– mains raides	24 fois	– recherche de clarté dans le discours
	– énumération	3 fois	– démonstration
	– doigt pointé	2 fois	– mise en garde
	– mains jointes, serrées, doigts croisés	12 fois	– écoute, réflexion, replis sur soi
	– mains et gestes fermes qui ponctuent les séquences du discours	très fréquents	– mise en évidence de la construction du discours autour d'idées
Les yeux	– yeux grands ouverts	1 fois	– étonnement, incrédulité
	– yeux écarquillés vers le haut	5 fois	– donnent de l'insistance et du relief à ce qui est dit
	– regard vers le bas	6 fois	– recherche d'inspiration
	– regard direct vers le public	3 fois	– recherche du contact visuel avec les téléspectateurs
	– yeux plissés	20 fois	– recherche de précision

4

L'ART DE PLAIRE À UN PUBLIC ABSENT : L'AUDITOIRE

Le contact des esprits

Pour plaire, il est préférable de connaître l'identité de celui ou de ceux que l'on souhaite séduire. À ce sujet, les traités de rhétorique classique parlent d'un « contact des esprits ». C'est en effet la formule la plus poétique et la plus apte à traduire ce phénomène. Sans terrain commun, les possibilités de communiquer, de convaincre et de persuader sont restreintes, voire inexistantes. On trouve ce rappel dans le *Traité de l'argumentation*[1] : « Ce contact entre l'orateur et son auditoire ne concerne pas uniquement les conditions préalables à l'argumentation ; il est essentiel également pour tout le développement de celle-ci. En effet, comme l'argumentation

1. Chaïm Perelman, L. Olbrechts-Tyteca, *La Nouvelle Rhétorique : traité de l'argumentation*, PUF, 1958, p. 24.

vise à obtenir l'adhésion de ceux auxquels elle s'adresse, elle est tout entière relative à l'auditoire qu'elle cherche à influencer. »

Cette condition nécessaire et préalable à tout discours avait déjà été recommandée par Aristote, Cicéron et Quintilien. Le premier parlait d'auditoires classés « selon l'âge et la fortune » ; le second distinguait l'auditoire cultivé de l'auditoire ignorant ; quant à Quintilien, plus sensible à l'aspect psychologique, il le classait selon les divers types de caractère.

Dans la Grèce antique, l'orateur est associé au public. Sur l'agora, il fait corps avec les auditeurs. Il se trouve en face d'êtres raisonnables, sensibles à des arguments rationnels et capables, si ce n'est de sacrifier, du moins de limiter leurs intérêts particuliers en faveur de l'intérêt général. C'est le schéma qui a été transposé dans la démocratie représentative. Mais n'est-on pas aujourd'hui face à un renversement du principe démocratique cher aux Grecs ? Dans notre société profondément individualiste, peut-on considérer que le tout prime encore la partie et que l'intérêt général prime l'intérêt particulier ?

Quoi qu'il en soit, dans une enceinte parlementaire, voire électorale, l'orateur connaît à peu près les catégories socioprofessionnelles, la répartition hommes-femmes, les opinions politiques et même quelquefois religieuses de l'auditoire. Un simple coup d'œil lui suffit, avec un peu d'habitude, pour savoir à qui il a affaire. Et, même s'il n'est pas fin psychologue, il aura toujours la possibilité d'adapter son discours en fonction des réactions de la salle.

L'art de parler sans public

Dans le théâtre de l'audiovisuel, rien de tel. L'auditoire est invisible, et l'orateur aura beau scruter l'objectif de la caméra il ne pourra en déduire à quel type de personnes il s'adresse. Or le public de la télévision ne se contente pas d'être invisible, il est aussi, par définition, composite, hétérogène et inconnu, puisque c'est le téléspectateur qui sélectionne son programme et non la chaîne son public. Et surtout il possède une volonté propre, qui échappe à l'imaginaire de l'auteur du discours. Comment proposer un discours séduisant à un public dont les opinions sont non seulement variées mais contradictoires ?

Les spécialistes de l'audimat possèdent cependant des armes pour pénétrer l'obscurité qui protège l'identité du public. La liberté du téléspectateur est quelque peu illusoire dans la mesure où elle est contrôlée : chaque émission est destinée à une cible particulière, plus ou moins large, qui est définie avant le lancement, les sondages permettant ensuite de rectifier ou de préciser ces évaluations.

L'homme politique consciencieux vérifiera donc tous les profils des publics de l'émission ou du journal auxquels il est convié. Il aura ainsi des indications sur l'âge, le sexe, les catégories socioprofessionnelles, qui lui permettront d'en déduire un profil type. Cependant, contrairement à ses ancêtres grecs ou aux rhéteurs du Parlement, dont l'auditoire est visible et réactif, il n'aura presque aucune information sur l'essentiel : leurs opinions. Savoir que le public qui l'écoute a une moyenne d'âge de quarante ans et se compose en majorité d'hommes et de cadres moyens constitue un atout non négligeable, mais ne permet pas de définir un discours adapté à ces téléspectateurs. Leur opinion reste l'inconnue de cette équation, et une source d'angoisse et d'interrogations pour l'homme politique.

La rhétorique sans public est sans doute le changement le plus important introduit par l'audiovisuel. L'art de prendre la parole en public se transforme en art de prendre la parole sans public. Cette modification substantielle a provoqué la perplexité de ceux qui avaient à prendre la parole en politique sur les canaux de la télévision.

La rhétorique audiovisuelle : la fin de l'improvisation ?

Dans la communication interpersonnelle, le rapport orateur-récepteur s'autorégule naturellement au fur et à mesure du déroulement du discours. Celui qui parle évalue instantanément les effets de ses paroles. Ce n'est pas le cas à la télévision.

L'orateur n'a alors comme interlocuteur que la caméra, ce qui explique le désarroi des hommes politiques qui, après une émission de télévision, s'interrogent sur la portée de ce qu'ils ont dit : pas le moindre petit signe ne leur a été transmis. Dès lors, l'orateur devra anticiper les effets de son discours. La tâche est vaste mais nécessaire. Ceux qui se gaussent de cette obligation sont soit inconscients, soit incompétents. Existe-t-il un seul pilote qui serait assez fou, aujourd'hui, pour traverser l'Atlantique sans carte météo ?

S'il doit parler en présence d'une assemblée palpable, l'orateur doit faire deux types de choix : ceux qui seront décidés au préalable et ceux qui s'imposeront au moment de l'allocution, sur le vif, en fonction des réactions de l'auditoire. Par contre, face à une caméra de télévision, tous les choix relatifs au discours sont prédéterminés. Ce travail « à l'aveugle » comporte certains avantages, puisque aucun élément extérieur ne peut rompre le cours paisible qu'on aura pris soin d'imposer au discours en le préparant. Rien ne peut donc déstabiliser l'orateur, qui maîtrise d'un bout à l'autre son intervention s'il s'est donné la peine d'en prévoir le déroulement. En revanche, aucune surprise, pas même heureuse, ne peut enrichir l'événement. L'orateur ne peut et ne doit compter que sur lui-même pour remplacer les rebondissements imprévus d'une allocution prononcée directement face à un public. C'est toute la différence entre le théâtre, où les spectateurs deviennent aussi acteurs, et le cinéma où, privés de ce rôle, ils sont nécessairement plus passifs, moins investis dans le jeu, et donc plus exigeants à l'égard des uniques responsables du résultat.

Le moindre détail du discours doit donc être soigneusement préparé à l'avance ; tous les choix sont désormais prédéterminés. Dans ces conditions, la télévision n'a-t-elle pas signé l'arrêt de mort de l'improvisation ?

Parler sans notes

La *memoria*, la mémorisation du discours par l'orateur, constitue une étape indispensable qui, en permettant à ce dernier de parler sans notes, lui évite de passer pour un amnésique ou, pire, quelqu'un qui se contente de lire un discours qu'il n'a peut-être pas écrit lui-même.

Il est certain que parler sans notes est un atout majeur, tant dans les discours traditionnels qu'à la télévision. Mais ce n'est pas toujours pratiqué. André Tardieu remarquait déjà : « Au début, sauf Mirabeau, tout le monde, y compris les plus efficaces des orateurs révolutionnaires, Robespierre par exemple, écrivait et lisait[2]. » L'habitude de lire s'est conservée dans les enceintes parlementaires, où seul Gambetta fut un improvisateur complet.

À la télévision, le problème est plus aigu, car il est impossible d'y dissimuler la lecture. Ce recours doit être réservé à des citations de documents divers, et dans ce cas il renforce les propos. Mais un discours entier ne peut en aucune façon être lu d'un bout à l'autre devant la caméra.

Rares sont pourtant les individus qui possèdent le talent d'improvisation légendaire d'un Gambetta. Aussi de nombreux hommes politiques, dont le général de Gaulle, s'obligèrent-ils à apprendre leur texte par cœur. Et, bien que tout fût pensé et écrit

---

2. André Tardieu, *op. cit.*, p. 56.

au préalable, leur discours semblait parfaitement naturel et spontané. La maîtrise du texte par celui qui le dit est incontestablement un facteur de séduction, mais tous les hommes publics n'ont pas été capables ou ne se sont pas donné la peine de se plier à cet exercice.

Fort heureusement pour eux, il existe aujourd'hui des prompteurs, appelés aussi « télésouffleurs ». Ces machines déroulent le texte sur la caméra à une cadence correspondant à la vitesse de lecture de l'orateur et sur une bande étroite pour éviter que le mouvement des yeux, qui feraient des allers et retours suspects de droite à gauche, ne trahisse la supercherie. L'adaptation à un prompteur se fait facilement, et cela permet à l'homme politique d'avoir une parfaite maîtrise du texte avec un minimum de préparation. La rhétorique audiovisuelle bénéficie en l'occurrence d'un artifice qui, tout en facilitant l'élocution de celui qui parle, renforce son image. Il est bon de souligner cet avantage, car rares sont les valeurs ajoutées par la télévision à l'art du discours. Mais la mise en mémoire ne concerne pas seulement l'orateur, elle concerne aussi le téléspectateur et les traces que le discours doit laisser dans son esprit.

Partie 2

CHOISIR

1

Que faut-il retenir ?

La mémorisation du discours : un double objectif

La « mise en mémoire » chère à la rhétorique traditionnelle est désormais une réalité double. À la mémorisation du discours par l'orateur s'ajoute la mémorisation du discours par le téléspectateur. Sans elle, séduire ne serait d'aucun intérêt pour l'orateur. On peut être séduit le temps d'une émission, passer un moment agréable en compagnie de tel ou tel homme politique, il n'en demeure pas moins que ses tentatives pour plaire auront été inutiles si leurs effets ne s'inscrivent pas dans la durée et si l'on est incapable de se souvenir du contenu essentiel de l'intervention, voire de l'image que l'orateur a essayé d'imposer. Le rôle premier de l'homme politique n'est pas de divertir ! L'effet du discours doit se prolonger et donc être calculé. Or le choix de ce qui doit être retenu par le téléspectateur exige de l'orateur beaucoup de réflexion et de finesse, en particulier en raison des conditions nouvelles dans lesquelles il délivre son message. Car il va de soi que le téléspectateur ne fera pas le moindre effort pour retenir le discours s'il n'y est pas incité par une quelconque obligation... ou par un subterfuge dont l'orateur doit être à l'origine.

Ici encore, même si cet acte est assumé par le téléspectateur, c'est à l'orateur de travailler pour deux, ou plus précisément pour des millions de personnes quand il s'agit d'une heure de grande écoute. Certes, c'est injuste, mais c'est le prix à payer pour plaire au public.

Définir ce que le téléspectateur retiendra du discours

Il n'y a aucune chance, en effet, pour que le téléspectateur retienne la totalité d'un discours, quelles que soient sa capacité de mémorisation, l'admiration qu'il porte à l'orateur et la fascination que celui-ci exerce sur son auditoire.

Quand l'orateur prenait jadis la parole face à un public, certains choix s'effectuaient au moment même du discours, en particulier celui qui consistait à souligner ce que l'auditoire devait retenir principalement. Ce choix s'imposait alors de façon naturelle, au fur et à mesure des réactions de l'assistance. Mais, en l'absence de toute réaction, l'orateur doit désormais décider, dès l'étape de la préparation, à la fois du contenu de son discours et du message que le téléspectateur devra retenir. Son choix portera non seulement sur les idées qu'il souhaite mettre en lumière, mais aussi sur celles qui semblent les plus faciles à retenir. Et le travail de mémorisation que l'orateur a lui-même effectué n'est-il pas le test le plus fiable pour en décider? L'orateur pourrait-il avoir la prétention – ou la naïveté – d'exiger du public qu'il se souvienne de ce qu'il a lui-même des difficultés à mémoriser?

Cet impératif de discernement doit être respecté par l'orateur tout au long de l'étape de l'*inventio* – héritage aristotélicien dont la rhétorique moderne ne pourrait en aucun cas se passer, même si elle l'a considérablement modifié –, au cours de laquelle il s'agit de définir le contenu du message.

En effet, avant de développer sa rhétorique audiovisuelle, l'orateur doit – en tenant compte du support sur lequel il va intervenir (la télévision) et de ce qui doit être retenu en priorité (exigence de la *memoria*) – se poser un certain nombre de questions qui lui permettront de définir les stratégies du discours.

2

QUI SUIS-JE ? QUE SONT-ILS ?

Évaluation de la notoriété de l'orateur

Avant de chercher à savoir ce que les téléspectateurs pensent de vous, commencez par vous demander s'ils vous connaissent. Cela semble évident. Et, pourtant, combien de rhéteurs, bien connus dans leur milieu, oublient de se poser cette question essentielle. Habitués à serrer des mains, certains hommes politiques n'imaginent pas qu'ils demeurent, à l'échelle nationale, de parfaits inconnus, dont le nom même n'évoque rien sinon de vagues souvenirs liés à un parti, une région ou une action.

Il faut donc d'abord évaluer sa notoriété de la manière la plus objective possible. Elle est indispensable pour obtenir une bonne écoute. Certes, des talents inconnus peuvent aussi retenir l'attention. Ils peuvent jouer de leur anonymat pour en tirer parti et transformer leur handicap en atout. Une forte notoriété n'est d'ailleurs pas synonyme de popularité. Il est des réputations dont on se passerait bien ! La notoriété doit impérativement aller de pair avec la crédibilité. Les questions se posent donc dans un ordre précis.

D'abord : suis-je connu, reconnu ? Évidemment, la réponse appartient aux sondages. Mais, si vous ne faites pas partie de l'élite à laquelle ces baromètres s'intéressent, cela nécessite un travail d'enquête considérable et coûteux.

Ensuite : le téléspectateur m'accorde-t-il du crédit ? Sans un minimum de confiance dans la relation entre l'orateur et le public, le discours a de fortes chances d'être oublié, voire rejeté en bloc.

Si on laisse de côté tous les artifices dont sont friands les experts en communication pour construire la crédibilité des hommes politiques, il reste un point fondamental sur le plan de la rhétorique. Pour être efficace, la communication ne peut obéir qu'à deux sortes de relations : une relation de symétrie ou une relation de complémentarité.

Selon qu'elle est symétrique ou complémentaire, la communication est radicalement différente. Aussi le choix du mode de relation qui va lier l'orateur au public est-il primordial. Il serait vain et dangereux de s'en remettre au hasard du moment pour le définir. Paradoxalement, le seul moyen de compenser l'absence de contact direct entre les protagonistes – l'absence d'humanité, de poésie et de surprises générées par une vraie rencontre – reste de fixer arbitrairement et *a priori* la nature de cette relation.

Mieux vaut encore une relation un peu factice avec le public que pas de relation du tout.

Êtes-vous « symétrique » ou « complémentaire » ?

Dans la relation de symétrie, les téléspectateurs perçoivent l'orateur comme un des leurs. C'est une relation entre pairs. Elle doit dicter la tonalité générale du discours. Les attentes du téléspectateur sont alors conditionnées par la perception d'un homme politique qui tient un discours de plain-pied avec lui. Il est important qu'il en soit conscient et qu'il se le rappelle en permanence pendant qu'il prononce son discours. Le pari est gagné quand l'identification est consommée, c'est-à-dire lorsque, dans un contexte donné, les électeurs se disent qu'à la place de l'homme politique ils tiendraient le même langage !

Il s'ensuit que le discours est structuré sur le *nous* associatif et non de majesté. Ce *nous* est la contraction du *vous* et du *moi* : vous téléspectateurs et moi qui vous parle. Le téléspectateur, ainsi intégré au discours, ne peut en aucun cas se retrancher derrière une attitude passive. Il devient, au même titre que l'orateur, responsable des actions – et il va de soi que ce sont des actions valorisantes – dont il est question dans le discours : *nous* agissons, *nous* progressons, *nous* réfléchissons, etc.

Cette structuration particulière doit évidemment s'accompagner d'un discours simple, d'un vocabulaire intelligible, de manière que le téléspectateur puisse reconnaître sa propre voix et son propre vocabulaire dans les paroles prononcées par l'orateur.

Dans la relation de complémentarité, les données sont différentes. À défaut d'être perçu comme un égal, celui qui parle doit être considéré comme un complément indispensable. Cette complémentarité peut être fondée sur un rapport d'infériorité ou de supériorité.

Dans le premier cas, l'orateur, en l'occurrence l'homme politique, se met en situation d'infériorité face au téléspectateur, qui n'est autre que son électeur potentiel. En reconnaissant ses fautes, ses lacunes, ses faiblesses, l'orateur attend une absolution ou au moins la bienveillance de ses interlocuteurs. C'est le fameux « discours de l'humilité » de Richard Nixon, qui reste un modèle. Cependant, pour être efficace, ce procédé doit demeurer exceptionnel. Il ne peut en aucun cas constituer une stratégie globale de communication, pour des raisons évidentes dans le domaine politique. Peut-on remettre son sort entre les mains d'un individu qui se définit lui-même comme un incapable ? Peut-on choisir d'être dirigé par quelqu'un dont les compétences sont inférieures aux siennes ? Le jeu sur l'infériorité doit donc être réservé à des situations d'urgence. Lorsqu'une crise éclate, ce discours, aussi dangereux soit-il, demeure plus payant que le mensonge. Mieux vaut en effet avouer ses fautes plutôt que de les nier et d'entacher l'indispensable crédibilité.

En l'absence de culpabilité, il est préférable de s'en tenir à une complémentarité fondée sur la supériorité. Dans ce cas, qui demeure le plus fréquent, l'orateur est celui qui sait, qui détient un savoir et qui est susceptible d'apporter une solution à ceux qui écoutent, s'interrogent et ont besoin d'être rassurés. L'homme politique apporte à l'électeur ce que ce dernier ignore, et c'est d'ailleurs le rôle qui correspond le mieux à sa mission de représentant et de guide.

Qu'il soit fondé sur une relation de supériorité ou d'infériorité, le discours qui s'intègre dans une stratégie de communication complémentaire est structuré autour du *je*, qui représente l'orateur, et du *vous*, qui désigne les téléspectateurs, individuellement mais aussi dans leur ensemble. Contrairement au *nous* associatif de la relation de symétrie, ces pronoms correspondent chacun à un sujet propre qui les distingue sans les opposer l'un à l'autre. En effet, la complémentarité est une association qui a pour objectif de combler un manque, et non de souligner des divergences. Si les hommes politiques oublient rarement ce principe, nombreux sont ceux qui butent sur un écueil plus discret mais tout aussi dangereux : l'égocentrisme. Le nombre d'occurrences du *je* et du *vous* doit se situer sensiblement dans la même proportion. Le *moi je* est à exclure, de même qu'un usage massif du *je* au détriment du *vous*.

En réalité, votre rapport au public reste fondé sur l'équité : il n'accepte cette relation de supériorité ou d'infériorité qu'à condition que vous le représentiez et que vous défendiez *sa* position. Mais, si vous ne le prenez plus en considération et oubliez de mentionner son existence dans le discours, la hiérarchie qui vous relie à lui ne sera plus légitimée ni validée à ses yeux. Alors il vous rejettera, vous et votre discours. Selon que vous aurez choisi la supériorité ou l'infériorité, vous risquerez d'être qualifié d'opportuniste ou de pleurnicheur, en tout cas d'égocentrique. Dans une relation de complémentarité, même si l'orateur est perçu par le téléspectateur comme différent de lui, il doit faire figure de véritable partenaire dans le dialogue virtuel qui s'est engagé.

Ponctuer son discours du pronom personnel de la deuxième personne du pluriel est d'autant plus recommandé que cela reste le moyen le plus efficace de solliciter l'attention du téléspectateur. En l'interpellant, vous l'obligez à réagir au discours, qu'il considère alors comme un message lui étant adressé personnellement et auquel il se sent obligé, si ce n'est de répondre, du moins de réfléchir.

Bien sûr, la complémentarité permet à l'orateur de faire appel à un vocabulaire plus riche que dans le cadre d'une stratégie de communication fondée sur la symétrie et l'égalité. En instaurant une relation de supériorité, l'homme politique est souvent amené à élaborer un discours plus complexe et à l'étayer de mots techniques, voire recherchés, mais il ne doit pas en abuser. De toute façon, quelle que soit la stratégie adoptée, il demeure essentiel de conclure en termes clairs avec des mots simples !

Le choix des mots, le choc des cultures

Il semble évident que le vocabulaire employé dans le discours dépend du type de relation, de symétrie ou complémentarité, que l'orateur a décidé d'entretenir avec le public. Tous les téléspectateurs n'ont pas le même vocabulaire, ni le même niveau de langue. Tenter de s'adapter à toutes ces spécificités langagières serait aussi illusoire que vain. Cependant, il est fondamental de connaître les particularités de ce public, quelle que soit la stratégie de communication en vigueur, avant de sélectionner les idées maîtresses du discours *(inventio)* et de définir le niveau de langue dans lequel on les exprimera *(elocutio)*.

L'analyse du public est souvent délaissée par les orateurs. Or, dans la mesure où cela influence tous les aspects du discours, il est primordial de savoir devant qui on va parler. On ne séduit pas la ménagère de moins de cinquante ans comme on séduit le jeune cadre dynamique. On ne parle pas aux étudiants comme on parle aux retraités. Les arguments, le ton, le vocabulaire, le contenu même du discours dépendent du public auquel on a choisi de s'adresser. Or, selon qu'on passe à l'antenne à huit heures, à midi, à vingt heures ou à vingt-trois heures, la structure du public varie. L'heure, le jour de la semaine, la chaîne de télévision et plus précisément encore l'émission à laquelle l'homme politique est convié sont des facteurs déterminants. Même s'il est impossible de définir exactement le profil des téléspectateurs qui écouteront le discours, puisque le public de la télévision est hétérogène par nature, ces indicateurs sont cependant assez fiables pour permettre à l'orateur de cibler le message sur une catégorie précise de l'opinion [3].

3. Voir le tableau « Structure du public des journaux télévisés » en annexe.

Certaines techniques fondées sur l'interactivité peuvent transmettre en direct les réactions des téléspectateurs qui se sont prêtés au jeu, par exemple en téléphonant au standard durant l'émission dans l'espoir que l'homme politique répondra à leurs questions. Mais les statistiques préalables demeurent le seul moyen, pour l'orateur isolé entre les quatre murs d'un studio d'enregistrement, de savoir à qui il s'adresse et donc comment il va devoir le faire. La connaissance de l'auditoire, du moins de ce que nous appellerons sa « culture » (sexe, âge, catégorie socioprofessionnelle, habitat, etc.), pour ne pas employer le terme de « profil » peu adapté à ce public invisible, est indispensable pour choisir des mots qui serviront de véhicule au message du discours.

Faute de savoir à qui l'on s'adresse, puisque le public télévisuel est absent, on peut décider de s'adresser à lui de manière sectorielle : par sexe ou par tranche d'âge, d'activités, de revenus... À chacun ensuite de faire son choix parmi les innombrables combinaisons possibles. Mais en voulant satisfaire tout le monde par intermittence, le discours risque d'être incohérent, voire contradictoire. Aussi est-il préférable de ne choisir qu'un seul secteur : les jeunes ou les femmes, par exemple.

Le procédé de sectorisation n'est cependant pas, loin de là, celui qu'il faut le plus recommander, sauf si l'allocution est destinée à un public restreint. C'est le cas notamment lorsqu'une crise éclate dans un secteur d'activités précis et que les hommes politiques concentrent tous leurs efforts et leurs discours sur le public des étudiants, des ouvriers ou des professeurs, par exemple, tant que le problème n'est pas résolu.

En dehors de ce cas de figure, mieux vaut s'adresser à tous, de façon globale, plutôt que de chercher à satisfaire les spécificités culturelles des innombrables groupes sociaux qui composent le public. Heureusement, la structure de la langue est ainsi faite qu'elle peut être décomposée en deux strates de mots bien distinctes.

La première est constituée des mots du français qualifié, lors d'une étude[4] effectuée il y a plus de quarante ans, de « français quotidien ». Cette étude avait pour objet de déterminer les mots de tous les jours qui devaient permettre à des étrangers une acquisition rapide de la langue française. Ces mots, au nombre de 2 500 environ, constituent le véritable socle de la langue et représentent plus de 95 % des mots que nous utilisons quotidiennement en dehors du cadre professionnel.

L'autre strate du français est constituée des mots techniques ou des mots de spécialité, dont la compréhension relève d'une compétence particulière. Ces mots sont évalués à plus d'un million ! C'est dire le décalage entre les deux strates.

À partir de ce constat, il est évident que la limitation du discours au « français quotidien » est indispensable pour se faire comprendre d'un public vaste et hétérogène.

---

4. *Français fondamental, 1er et 2e degrés*, Institut pédagogique national, 1954.

Le traitement informatique du vocabulaire relatif au discours politique a permis de mesurer le pourcentage des mots du « français quotidien » qui entrent dans la composition de ce type de discours.

Des différentes études publiées, il ressort que 80 % des mots doivent appartenir au « français quotidien » pour que le discours soit compris. À 100 %, le discours risque d'être plat et de manquer d'information. À 50 %, le discours devient une énigme pour tous ceux qui ne possèdent pas le même vocabulaire technique que celui qui parle.

POURCENTAGE MOYEN DE « FRANÇAIS QUOTIDIEN » DANS LES DISCOURS TÉLÉVISÉS DES HOMMES POLITIQUES	
Ceux qui utilisent le plus le français quotidien (plus de 75 %)	Ceux qui utilisent le moins le moins français quotidien (moins de 65 %)
Laurent Fabius Valéry Giscard d'Estaing Jacques Chirac Lionel Jospin	Raymond Barre Jean-Marie Le Pen Jean-Pierre Chevènement Michel Rocard

Il ne faut surtout pas assimiler l'utilisation du « français quotidien » à un appauvrissement de la langue. Tout, ou presque, peut être dit avec un vocabulaire restreint de 2 500 mots... à condition de faire un effort ! Certes, la précision apportée par un mot technique est parfois irremplaçable.

Néanmoins, quand on veut se faire comprendre du grand public télévisuel, un dosage subtil des mots permet d'éviter la surinformation incompréhensible ou la sous-information approximative. La rhétorique audiovisuelle est tributaire du choix des mots et, en la matière, le juste équilibre se situe dans un rapport de 80 % de mots du « français quotidien » contre 20 % de mots dits « techniques ». Ce dosage savamment calculé, et expérimenté depuis les années soixante-dix, présente deux avantages : il permet de toucher un public très large et il facilite l'assimilation du message, la *memoria* dont nous avons étudié les deux aspects fondamentaux.

Bien que la stratégie de la complémentarité offre davantage de libertés langagières à l'orateur, il est néanmoins recommandé à tous les rhéteurs cathodiques de s'en tenir à cette norme et de ne pas dépasser, quelle que soit la relation engagée avec les téléspectateurs, un seuil de 20 % de mots techniques ou recherchés. Le stade de l'*elocutio*, qui permet de définir le style, est donc limité par ce souci de compréhension. Loin de paralyser la créativité littéraire, cette contrainte peut même devenir le tremplin d'intéressantes pirouettes stylistiques et contribuer ainsi au renouvellement du discours politique.

Aux rhéteurs modernes de relever le défi !

3

Qu'ai-je à dire ? Dois-je le dire ?

Contenu et relation de communication

Qu'il s'agisse d'un écrivain qu'on interroge sur son dernier livre publié, d'un spécialiste dont on sollicite l'expertise sur un événement de l'actualité ou d'un homme politique qu'on questionne sur son programme ou sur une mesure gouvernementale, on passe à la télévision parce qu'on a une information à rendre publique. Pourtant, les orateurs, et en particulier les politiques, ne disent pas toujours directement ce pour quoi ils sont venus s'exprimer devant des millions de téléspectateurs. Contournant habilement la question essentielle pour laquelle tout le monde attend une réponse, l'interview dérive vers d'autres sujets, n'ayant le plus souvent qu'un rapport lointain avec le thème qui préoccupe le public. Ce phénomène s'explique non seulement en raison des impératifs liés au média (la télévision) et des exigences du champ politique, mais au regard du concept même de « communication ».

L'école de Palo Alto a montré, dans la communication interpersonnelle, la différence qui existait entre la relation de communication et son contenu. La relation de communication définit l'existence d'un lien, quel qu'il soit, entre une personne et une ou plusieurs autres. Le contenu de la communication définit, comme son nom l'indique, le contenu, le message, la nature du lien qui rattache ces personnes. Parfois, lorsque le contenu de la communication est directement et précisément exprimé, ces deux aspects se confondent. Quand ce n'est pas le cas, le message est exprimé par des substituts qui, du point de vue de leur dénotation, n'ont *a priori* aucun rapport avec le véritable objet de la communication. C'est presque toujours le cas lorsqu'il s'agit d'exprimer un tabou. L'école de Palo Alto a ainsi permis de décrypter, en particulier dans le cadre des relations familiales, la véritable signification de ces discours décalés.

Pour illustrer ce phénomène, citons d'abord un petit exemple. À deux tables voisines, dans un café, se trouvent un homme et une femme. Le premier a envie d'inviter la seconde à dîner.

Il peut lui dire directement : « Voulez-vous dîner avec moi ce soir ? » Le contenu qui motive la communication (envie de dîner avec elle) correspond exactement à sa formulation. L'information est égale à son expression. Il y a bien une relation de communication (il lui a adressé la parole en l'invitant à dîner), et elle reflète parfaitement le contenu de la communication (l'invitation à dîner).

L'homme peut aussi continuer à boire son café sans rien tenter et se plonger dans son journal dans l'espoir de chasser ce désir que la timidité l'empêche de chercher à réaliser.

Mais ce même homme, mû par le même désir et toujours pour l'exprimer, peut aussi demander à la femme : « Quelle heure avez-vous ? » Le contenu qui motive la communication (envie de dîner avec la dame) ne correspond pas du tout à sa formulation (envie d'avoir l'heure). L'information n'est pas égale à son expression, et pourtant l'homme n'en a pas moins établi une relation de communication (l'homme a adressé la parole à la femme en lui demandant l'heure), qui en revanche ne reflète pas du tout le contenu de la communication (l'invitation à dîner). Dans ce dernier exemple, la relation de communication et le contenu de la communication sont nettement distincts.

Les faux-fuyants

La première solution a l'avantage d'être claire. Mais il n'est pas toujours possible, ni payant, d'être aussi direct. Pour plaire, il faut parfois ménager les susceptibilités, avancer à pas de loup. Contourner le véritable sujet de la communication peut relever d'une gêne autant que d'une manœuvre stratégique. Chaque fois qu'un tabou, ou un impératif quelconque, empêche l'orateur de formuler clairement sa pensée, il doit choisir entre deux options : se taire, c'est-à-dire renoncer à toute relation de communication, ou engager une relation de communication dans laquelle le contenu de la communication n'apparaîtra que de façon déguisée, au point de devenir impossible à décrypter.

Bien entendu, pour reprendre l'exemple de notre séducteur du restaurant, la femme à laquelle il demande l'heure a peu de chances de lui répondre directement qu'elle a très envie, elle aussi, de dîner en sa compagnie. Ce serait accorder un crédit démesuré à l'intuition féminine et, surtout, faire abstraction des tabous et des règles sociales qui ont empêché son voisin de formuler clairement ses désirs. Cependant, en lui donnant l'heure, elle peut lui sourire, ce qui donnera l'occasion au don juan d'entamer la discussion sans paraître trop brutal et surtout sans risquer d'essuyer immédiatement un refus sans appel. Car c'est le plus souvent la peur de l'échec, la peur de déplaire, qui nous pousse à préférer les faux-fuyants à la vérité, à choisir ce décalage entre le contenu et la formulation de la relation de communication que nous engageons.

Si la peur de déplaire ne peut évidemment pas aller jusqu'à empêcher l'homme politique de s'exprimer en public, elle le pousse par contre couramment à recourir au décalage de la formulation par rapport au contenu de la relation de communication. Il contourne la vérité pour l'aborder plus facilement. Les thèmes développés dans le domaine politique étant le plus souvent conflictuels, cette stratégie permet de répondre avec diplomatie aux questions délicates qui divisent l'opinion.

Les journalistes contribuent d'ailleurs largement à répandre ce mode de communication détourné de son véritable objet. Quand il convient d'aborder un sujet crucial, par exemple les trente-cinq heures ou le régime des retraites, le journaliste prend soin de demander à l'homme politique, non pas son avis sur la mesure en question, mais ce qu'il pense de ce qu'un autre orateur – de préférence un rival – en a dit. Cela donne, à peu de choses près, ceci :

« M. X a déclaré que les trente-cinq heures étaient formidables. Qu'en pensez-vous ?

– Voici ce que je pense de ce que pense M. X sur les trente-cinq heures ! Je pense qu'il n'a pas compris ce que les Français attendent... »

D'une critique des trente-cinq heures, l'homme politique glisse à celle de son rival, voire de son allié, et le débat se transforme en querelle de clocher, en sourde guerre partisane. L'orateur peut tout à fait terminer son discours ou clôturer le débat sans avoir répondu à la question essentielle, celle qui aurait permis au téléspectateur de connaître sa position sur le seul sujet qui le concerne en propre. Certes, c'est agaçant, frustrant, lassant... Mais vaut-il mieux frustrer le téléspectateur ou lui déplaire ?

Une autre méthode, qui fait des adeptes, consiste à parler pour ne rien dire. Rappelons en effet que, finalement, avec la télévision, l'objectif de la rhétorique n'est plus tant de plaire que de ne pas déplaire. Si les rhéteurs qui faisaient face à six mille personnes pouvaient prétendre les séduire toutes, ou presque toutes, lors d'un discours, n'est-ce pas une pure folie que de croire qu'on peut séduire des millions d'individus, tous différents les uns des autres, dans des conditions beaucoup plus difficiles encore ? Car l'orateur cathodique dispose, comme nous l'avons vu, de moins de temps, de moins de mots et de moins de repères sûrs que son ancêtre grec.

Et c'est ainsi que, pour permettre à l'orateur de ne pas déplaire, l'art oratoire a dû se transformer en art de parler pour ne rien dire. Mais l'auditoire n'est pas dupe, et il s'est vite lassé de ce vaste agglomérat de mots blafards et de formules creuses, innombrables expressions d'un procédé auquel on a dû trouver un nom tant il était devenu courant : la langue de bois.

La franchise, mais à quel prix ?

Il est évident que ce type de discours introduit de la confusion dans la perception du message et contribue à vider le discours politique de son contenu. Sans doute parce que les politiques ont abusé de ce procédé, il est aujourd'hui largement critiqué.

Mais s'adresser directement aux téléspectateurs pour leur dire la vérité n'est pas simple. Le succès d'un tel message passe par la contribution positive du milieu environnant, c'est-à-dire des journalistes qui font office de médiateurs entre l'homme politique et le public. En tant qu'interviewers ou animateurs des débats, n'ont-ils pas justement pour rôle d'aider l'orateur à préciser sa pensée plutôt que de lui permettre de se défausser ? Les questions détournées de leur véritable objet sont donc à proscrire si l'on souhaite une réponse satisfaisante. Il ne s'agit pas pour autant de poser de manière brutale une question délicate ; cela obligerait l'orateur à se réfugier encore une fois dans les sphères opaques de la langue de bois, faute de pouvoir préparer le téléspectateur à accueillir la réponse qu'il va donner. Il s'agit en revanche de faciliter l'expression d'une réponse sans détour. Permettre à l'orateur d'accoucher sans douleur de son véritable avis requiert beaucoup de talent, d'habileté et d'humilité. L'art de la maïeutique est subtil. Le journaliste doit s'effacer dans le but d'améliorer la qualité des débats, quitte à sacrifier la gloire qu'il pourrait retirer d'avoir déstabilisé l'orateur par ses questions. La tentation de transformer la scène politique en foire d'empoigne est d'autant plus grande que l'audimat – automatiquement en hausse lorsqu'une crise éclate – influence nécessairement la carrière des journalistes.

Ils ne sont pourtant pas les seuls responsables de cette dérive. Dans le cas d'un discours direct, sans intermédiaire, l'homme politique a tout le loisir de présenter ses idées clairement sans pour autant choquer le téléspectateur. Seul maître à bord, il est libre de construire son plan autour de l'idée qu'il souhaite mettre en valeur auprès du public. Encore faut-il posséder quelque talent en matière de rhétorique classique ! Métaphores, gradations, litotes, antithèses, inductions... Tout l'arsenal des figures, dont nous évoquerons bien entendu les intarissables ressources, peut être sollicité pour arrondir les angles des pensées carrées, adoucir les propos corrosifs, tempérer les positions brûlantes, en bref pour exprimer ce qu'on a à dire – et légitimer du même coup son passage à l'antenne – sans tourner autour du pot ni choquer l'opinion publique.

4

QUAND LE DIRE ?

Le bon moment : choisir son public et son paysage événementiel

À la télévision, le temps a une importance considérable. D'une part, la durée de l'intervention, comme nous l'avons vu, est limitée et prédéterminée par des facteurs qui échappent à la volonté de l'orateur (durée de l'émission, nombre d'invités, décision des responsables des programmes, etc.). D'autre part, le moment du passage à l'antenne conditionne toute l'orientation du discours. Dans le cadre du « direct », cet instant coïncide avec celui de l'enregistrement. Mais le travail sans filet est en voie de disparition et, le plus souvent, l'émission est enregistrée quelques jours avant sa diffusion. La date de l'enregistrement n'est jamais révélée aux téléspectateurs, qui doivent garder l'impression du « direct ». Cela n'a d'ailleurs aucune importance, car seule compte celle de la diffusion.

Le choix de la date et de l'heure du passage à la télévision n'est pas un acte anodin. Il fait partie des choix cruciaux déterminés par la stratégie de communication et qui conditionnent la rhétorique. D'abord, comme nous l'avons vu, le public change d'une heure et d'un jour à l'autre. Aussi faut-il être attentif, en fonction des messages que l'on souhaite exprimer et du public que l'on désire toucher, aux informations dont les professionnels de l'audimat disposent à ce sujet.

Mais cibler son public en choisissant le moment de l'intervention télévisée ne suffit pas. Il faut encore tenir compte des événements de l'actualité. Une chose est certaine : mieux vaut éviter d'être à la remorque des événements en intervenant après coup. Votre avis satisferait la curiosité du journaliste, mais perdrait beaucoup de son intérêt.

N'est-il pas plus louable, et plus courageux, de s'exprimer avant, au moment où rien n'est encore joué et où seule l'intelligence stratégique des observateurs peut être à l'origine de leur diagnostic... et de la justesse de leurs prévisions ? Certes, il n'est pas toujours possible, sinon pour les « stars », de donner son avis publiquement dans le feu de l'action. Il faut donc s'en tenir à une règle de prudence : l'anticipation.

Choisir un rythme d'intervention régulier

Si vous ne savez pas lire dans le marc de café, il ne vous reste qu'une solution : faire des passages télévisés à intervalles réguliers. Vous multipliez ainsi vos chances d'être interrogé sur un sujet brûlant, et on ne vous reprochera pas d'être opportuniste puisqu'on sera habitué à vous voir apparaître ponctuellement sur le petit écran.

Ce choix influence bien entendu la structure rhétorique du discours. Heureusement, des règles simples, qui doivent impérativement régir les intervalles d'intervention, permettent de maîtriser ce procédé de communication.

La première consiste à choisir un rythme et à s'y tenir. Il doit être régulier et adapté aux attentes du public (suivez les indicateurs de votre notoriété) autant qu'à vos propres desseins. Inutile, entre autres, de vouloir intervenir à l'antenne tous les mois dans une période où votre stratégie politique vous impose une position de retrait.

Une programmation rigoureuse, organisée à l'avance, s'avère très avantageuse. En effet, une date fixe crée un sentiment d'attente chez les téléspectateurs. De plus, cela permet à l'orateur de consacrer davantage de temps à la préparation du discours et de mieux situer les événements dans leur contexte. Ce rituel télévisuel a été inauguré par Charles de Gaulle qui, deux fois par an, dressait un bilan de la France et des Français.

Mais ces interventions prévues à date fixe n'excluent pas les interventions rendues nécessaires par les événements, qui doivent cependant rester exceptionnelles. Plus elles seront rares, plus leurs effets seront efficaces. Malheureusement, les hommes politiques ont beaucoup de mal à résister à la tentation d'un passage à la télévision.

Garder le silence et choisir l'allocution de préférence à l'interview

Pour parler au bon moment, il faut donc savoir garder le silence à d'autres. Cela paraît évident, mais plus d'un personnage médiatique l'oublie. Le silence est une arme redoutable, qu'il faut savoir manier avec délicatesse, car elle fonctionne comme un boomerang et peut conduire au fiasco aussi sûrement qu'à la victoire.

En effet, le silence peut être interprété comme de la négligence ou de l'indifférence. Imaginez la réaction de la population qui, dans une situation de crise, attendrait vainement les explications des dirigeants. Face au mutisme des hommes de pouvoir, ces hommes et ces femmes finiraient par avoir le sentiment d'être abandonnés par ceux qu'ils ont élus pour gouverner le pays.

Mais ne rien dire est aussi une façon de communiquer, et c'est ainsi qu'il faut concevoir le silence. Non pas comme un aveu d'impuissance ou une échappatoire, mais comme un moyen non verbal de s'exprimer. La musique, comme la politique, est composée de silences indispensables à l'expression de la mélodie.

Aussi le silence doit-il être calculé et s'intégrer dans la stratégie de communication globale. Naturellement, la durée du silence est difficile à déterminer. Dans les périodes de turbulence, il est souvent nécessaire de prendre une certaine distance par rapport aux événements. Une bonne analyse des sondages peut permettre de calculer le moment où l'apparition de l'homme politique est attendue et souhaitée.

Ce choix du moment adéquat dépend aussi du choix de la modalité d'intervention. L'alternative est simple : c'est l'allocution (l'homme politique intervient seul face aux téléspectateurs) ou l'interview (un journaliste ou toute autre personne intervient pour lui poser des questions). L'allocution est plus facile à maîtriser que l'interview, aussi cette dernière est-elle à exclure dans les moments de silence médiatique imposés par la stratégie de communication. S'il devient impératif de parler, et si vous avez le choix, préférez donc l'allocution. Mieux vaut parfois se taire que d'être amené, dans une interview difficile, à dire ce que vous ne voulez ou ne pouvez pas dire.

L'allocution est de loin le mode d'intervention le plus direct et le moins ambigu. Elle donne à l'homme politique tout loisir de construire sa rhétorique, c'est-à-dire de mettre au point le mécanisme grâce auquel il va faire passer son message. De plus, l'orateur aura la possibilité de choisir ce message sans risque de le voir parasité par des questions inopportunes. L'allocution préserve ainsi le contenu du message et garantit les moyens de le délivrer.

Dans le cas de l'interview, les données sont différentes. Deux relations risquent d'interférer : la première se situe entre celui qui pose les questions et l'homme politique, la seconde entre ce dernier et le public des téléspectateurs. Les risques de déformation du message sont multipliés par le nombre des relations qui entrent en jeu. L'homme politique répond nécessairement aux questions de la personne qui l'interroge. Cette réponse est destinée directement à l'interlocuteur et indirectement au public. Certes, celui qui interroge est censé incarner le téléspectateur. En réalité, l'adéquation entre celui qui pose les questions et le public est loin d'être parfaite. Et une réponse à une question que le public ne souhaitait pas poser a peu de chances de produire des effets positifs. Bref, cette modalité d'intervention entraîne plus d'inconvénients que d'avantages, même si elle est perçue par les politiques comme plus agréable car elle leur permet souvent d'éviter un travail préparatoire important, comme dans le cas de l'allocution.

5

Comment le dire ?

Quel registre adopter : phatique, rationnel ou émotionnel ?

Le choix d'un de ces registres dépend évidemment des données précédentes. Que doit-on retenir principalement du discours ? Qui est l'orateur et quel est son public ? Doit-il et peut-il parler sans faux-fuyants ? À quel moment doit-il intervenir ?

À la lumière de ces interrogations et des réponses qui peuvent y être apportées, l'orateur peut enfin choisir son registre de communication. En effet, il devra impérativement effectuer ce dernier choix avant de passer à l'étape finale de la préparation du discours : la construction du plan.

Parce qu'il constitue une synthèse de tous les choix relatifs au discours et qu'il s'inscrit comme leur suite logique, le choix du registre va non seulement influencer mais guider les propos de l'orateur.

Le discours phatique

Le mode phatique – défini par Jakobson comme l'une des fonctions du langage – est le plus simple. Il correspond à ce que nous avons appelé la relation de communication, mais ne s'accompagne pas d'un contenu de communication. Un exemple : la personne qui dit « allô » au téléphone inscrit son discours dans le registre phatique, dont la seule fonction est en fait d'attirer l'attention ; aucune information n'est apportée, mais le contact est établi.

Le registre phatique s'est propagé et développé avec la participation – très récente – des hommes politiques à des émissions qui n'ont aucun rapport avec leur vocation. En acceptant d'être présents sur le plateau d'une émission de variétés, les députés, les ministres, voire les présidents de la République, savent exactement ce qui les attend : ils parleront de tout sauf de politique. Certes, savoir combien de chiens ils possèdent, connaître leurs mets préférés ou découvrir qu'ils aiment le théâtre peut satisfaire la curiosité de quelques téléspectateurs. En montrant – photos à l'appui – qu'il était un bébé souriant à l'âge de dix-huit mois, un homme politique a toutes les chances d'apparaître plus familier, moins inaccessible, au public. Ce genre de détails renforce sans conteste le lien que l'orateur entretient avec les téléspectateurs, qui peuvent se découvrir des points communs avec l'illustre personnage, s'enorgueillir de posséder un chien identique au sien et même avoir le sentiment, durant quelques minutes, d'être *aussi* quelqu'un d'important.

Cependant, est-ce bien ce type de discours – ou plus exactement de discussions de comptoir – que nous attendons, en tant qu'électeurs autant que téléspectateurs, des hommes politiques ? Même si ce mode de communication peut permettre à l'orateur de trouver un terrain favorable pour faire passer de vrais messages politiques, il ne relève pas à proprement parler de la rhétorique. Certes, il a été largement développé depuis qu'il est de bon ton d'inviter des personnages politiques comme on invite des stars de cinéma dans le cadre de la promotion de leur dernier film. Mais le registre phatique, au sens strict du terme, relève davantage d'une suite d'onomatopées que d'un ensemble logique et structuré de phrases. Cette voie, qui peut tout au plus être empruntée le temps d'une émission très payante sur le plan de l'audimat, ne conduit le plus souvent qu'à une impasse politique. Mieux vaut donc abandonner complètement ces palliatifs et se tourner vers un des deux registres proposés par la rhétorique.

Le rationnel et l'émotionnel : les deux voies de la rhétorique

La rhétorique peut prendre deux orientations, selon qu'elle est axée sur le pôle rationnel ou sur le pôle émotionnel. Hors de ces deux registres, point de salut. Le premier dépend en grande partie de la capacité d'écoute et des connaissances des téléspectateurs ; le second est tributaire du talent de l'orateur et de sa capacité à émouvoir un auditoire. En effet, si certains téléspectateurs ne sont pas prêts à recevoir un message qui fait appel à la rationalité, tous sont perméables à l'émotion, qui ne demande ni réflexion, ni concentration, ni connaissances particulières. C'est donc une facilité pour le téléspectateur et pour l'homme politique.

Est-ce de là que vient le succès de l'émotionnel?

Pour le téléspectateur, ce registre répond peut-être aussi à un besoin d'humaniser un monde dominé par les développements technologiques et l'utilitaire. Pour l'homme politique, il présente en tout cas l'avantage de mettre en veilleuse l'esprit critique de son auditoire. Mais, pour y arriver, ce n'est pas si simple ni si spontané qu'il y paraît. Le jeu sur l'émotionnel exige, en effet, un travail minutieux de préparation. Tout est calculé, rien n'est laissé au hasard, pas plus que lorsqu'on adopte le registre rationnel. Il faut prendre conscience du pouvoir de manipulation de l'opinion publique que détiennent ceux qui ont le pouvoir de la parole. S'ils s'en servaient dans un but totalitaire, le danger serait grand de voir la démocratie évoluer, non pas vers une parole unique, mais vers un pouvoir unique.

Gardons-nous donc de mettre en veilleuse notre sens critique, sous prétexte que nous avons le sentiment d'avoir à notre disposition, dans notre salon, un outil inoffensif et familier.

Les figures de style : un choix infini pour étayer le registre rationnel ou émotionnel

Une figure de style est un procédé rhétorique par lequel un orateur invente une expression en respectant un code. Dans l'ordre poétique, l'essentiel du discours est composé de figures de style. Dans l'ordre politique, la figure de style est plus rare et doit conserver un caractère exceptionnel [1].

Pour Fontanier : « Les figures du discours sont les formes, les traits ou les tours plus ou moins remarquables et d'un effet plus ou moins heureux par lesquels le discours, dans l'expression des idées, des pensées ou des sentiments, s'éloigne plus ou moins de ce qui en eût été l'expression simple et commune [2]. » Bernard Dupriez apporte une vision complémentaire. Pour lui, les figures de style « font le joint entre l'inconscient enraciné dans le corps propre, dans le milieu familial et social, avec ses pulsions, ses intentions, ses souvenirs, et la phrase exprimée, structure "de surface", située et concrète, geste visible, trace laissée [3] ».

1. Plusieurs études, partielles malheureusement, montrent que, dans les discours politiques modernes, les figures de style dépassent rarement 10 % de l'ensemble du discours.

2. Pierre Fontanier, *Les Figures du discours*, Flammarion, 1968, p. 69.

3. Bernard Dupriez, *Gradus. Les Procédés littéraires (dictionnaire)*, UGL-10/18, 1980, p. 11.

La figure de style, qui participe du pouvoir de séduction cher à tous les orateurs, demeure un outil indispensable aux discours télévisés.

Il est convenu de distinguer deux grandes catégories de figures de style : les figures de mots et les figures de pensée. Ces deux types de figures sont susceptibles de servir le registre rationnel et le registre émotionnel de la rhétorique, certaines d'entre elles étant plus particulièrement adaptées à l'un ou l'autre de ces registres. Mais les figures de pensée ne sont pas exclusivement destinées à servir la rhétorique rationnelle, pas plus que les figures de mots ne se limitent à exprimer des émotions.

Les *figures de pensée* portent sur les intentions véhiculées par les mots et traduisent, par un certain jeu sur les mots, les subtilités de la pensée : c'est le cas de l'humour et de l'ironie, par exemple.

Ces figures ont pour avantage d'agir sur l'aspect relationnel du discours, afin, entre autres, de renforcer la connivence qui unit l'orateur au public et qui conditionne en partie, comme nous l'avons vu, la crédibilité de l'homme politique. Cependant, à la télévision, l'orateur a peu de chances de faire partager son humour par l'ensemble des téléspectateurs. Seul un grand degré de connivence permet à l'humour de produire ses effets. Il ne fonctionne qu'avec des publics limités et homogènes. Reste que, quand il y a débat entre deux hommes politiques, l'ironie peut trouver sa place entre eux. Les téléspectateurs peuvent juger de leurs réactions réciproques, mais ils ne sont pas directement visés par l'ironie. Les effets sur eux ne sont qu'indirects [4].

Les *figures de mots* sont de deux sortes. Lorsque les mots sont détournés de leur sens, il s'agit alors de figures de sens ; lorsque ce sont les règles grammaticales qui régissent les mots qui sont détournées, on parle de figures de construction.

Les figures de sens permettent de connoter un mot en lui attribuant les valeurs contenues dans un autre mot avec lequel il a un rapport. S'il existe d'innombrables figures de sens, trois d'entre elles, que les stylisticiens désignent sous le nom de « tropes », sont particulièrement importantes. Il s'agit de la métonymie (où le rapport entre les éléments de la figure est fondé sur un lien de nécessité), de la synecdoque (lien de nature) et bien sûr de la métaphore (lien analogique).

On trouve de nombreux exemples de métonymies dans le langage courant, qu'on emploie d'ailleurs sans en avoir véritablement conscience, comme Monsieur Jourdain faisait de la prose sans le savoir. Chaque fois qu'on propose à quelqu'un de « boire un verre » ou de « prendre un pot », on a recours à une métonymie qui désigne le contenu (la boisson) par le contenant (le verre, le pot). De même lorsqu'on dit que « toute la salle applaudit ». Si l'on remercie quelqu'un de « ses bontés », on le

---

4. Chaïm Perelman *et al.*, *op. cit.*, p. 277 et s.

remercie des actes dont la bonté est la cause tout en désignant l'effet par la cause.

La synecdoque n'est pas moins familière malgré son nom étrange. C'est le cas de toutes les expressions qui consistent à prendre le moins pour désigner le plus ou l'inverse, la matière pour l'objet, l'espèce pour le genre, le singulier pour le pluriel, la partie pour le tout... Par exemple, « une voile » pour « un bateau à voiles ». De plus, la synecdoque et la métonymie reposent sur un lien logique propre à souligner un raisonnement du même ordre.

Quant à la métaphore, si fréquemment utilisée par les hommes politiques, elle se fonde sur le lien le plus évident et le plus imagé qui soit : la ressemblance. Le plus souvent, la métaphore relève de la rhétorique émotionnelle, car elle fait appel à une similitude et non à un rapport logique direct. Cependant, il existe une variante, la métaphore pédagogique, qui peut aider à approcher la vérité d'une situation ou d'un phénomène. On utilise alors des mots simples pour parler d'une idée parfois complexe. De très belles métaphores de ce type appartiennent aux allocutions radiotélévisées du général de Gaulle, dont voici quelques extraits représentatifs[5] :

« Dès lors que la *barre* est fermement tenue, que l'*équipage* assure la *manœuvre*, que les *passagers*

5. Nous avons indiqué en italique les mots sur lesquels portait la métaphore.

restent confiants et à leur place, il n'y a pas de risque de *naufrage.* »

« Nous *voguons* à pleines voiles. »

« Il faut que l'État tienne les *rênes*, qu'il soit la force qui soulève la *vague* mais aussi la *digue* qui contient la *marée* et que, loin de laisser les *ruisseaux* de la démagogie se faire jour de tous les côtés, grossir, devenir des *torrents* irrésistibles jusqu'à ce que la maison soit *engloutie* dans l'*inondation* [...] »

Cette métaphore est non seulement « filée », mais renforcée par une comparaison[6] :

« Tout comme un navire sur la mer n'est le maître ni des vents ni des flots, un peuple ne commande pas à lui seul le calme ni les remous du monde. »

À travers toutes ces images, l'élément essentiel demeure l'eau – sous forme de mer, d'océan, de flots, de marée, de torrents, de ruisseaux... – et, sur cet élément par définition instable, la France est en quête de stabilité – le navire, la barre, le phare, la digue. C'est la contribution permanente du chef de l'État qui transparaît ainsi à travers ces métaphores, et sa nécessité apparaît alors aussi évidente et justifiée que celle d'un capitaine sur un bateau. Cet exemple démontre que l'usage d'une figure souvent réservée au domaine émotionnel ou poétique

---

24. La présence de l'élément comparatif « comme » interdit de considérer ce rapport analogique, atténué par le comparatif, comme une métaphore, bien que l'univers sémantique de la comparaison reprenne et souligne celui de la métaphore : la France dépeinte comme un navire voguant sur les flots.

(la métaphore) peut consolider un raisonnement logique : un pays a besoin d'être gouverné par un chef d'État compétent sous peine de partir à la *dérive*.

Les figures de mots peuvent aussi se fonder sur un non-respect volontaire des règles de construction grammaticale. On parle alors de figures de construction. Le cas le plus simple est l'inversion des constituants de la phrase : « Supérieure est la nécessité de... », « Plus inquiétante encore est l'opinion... » En mettant l'accent sur la construction syntaxique, sur la logique d'ordonnancement des mots – quitte à les bousculer –, ces figures permettent de mettre en valeur la cohérence d'une idée ou sa pertinence sur le plan purement rationnel.

Hormis ces deux grandes catégories que sont les figures de mots et les figures de pensée, il existe quantité d'autres grandes classes de figures, comme les figures d'énonciation ou les figures de sonorités, pour ne citer que ces exemples faute de pouvoir en effectuer un relevé exhaustif.

En effet, plus de deux mille figures de style ont été répertoriées par les stylisticiens. En fonction du choix de l'orateur concernant le registre dominant de son discours, certains de ces procédés seront privilégiés au détriment des autres. Cependant, le choix des figures n'intervient qu'en dernier lieu. D'abord, l'orateur aura élaboré sa stratégie : choisi ce qui devra être retenu, évalué sa notoriété et son rapport au public, défini ce qu'il peut se permettre de dire, à quel moment prendre la parole et enfin à quel registre le discours appartient. Avant de sélectionner les figures de style grâce auxquelles il pourra exprimer ses idées avec plus de force, il devra ordonner ces idées dans un plan, construire les fondations du discours.

Partie 3

Construire

1

De la structuration à l'élimination

La colonne vertébrale du discours

Le plan est indispensable pour structurer le discours. Sans cela, le travail effectué au préalable par l'orateur n'est qu'un brouillon inutilisable. Cette masse informe d'éléments hétérogènes, faute d'être ordonnée et structurée, risque de produire le contraire de l'effet recherché : le téléspectateur aura le sentiment d'étouffer sous une avalanche d'informations dont il ne retiendra pas même le sens global.

Quelles que soient les conditions dans lesquelles le discours sera prononcé et quelle que soit la nature du discours, l'orateur doit construire un plan, modeler une colonne vertébrale susceptible de soutenir l'ensemble des informations qu'il devra présenter. C'est cette colonne vertébrale qui permettra d'équilibrer les forces, parfois contradictoires, qui animent le discours.

Il suffit qu'elle ne soit pas solidement bâtie pour que le corps entier de la rhétorique – constitué de mots, d'idées, de gestes, de tous les fragments dont nous avons évoqué l'importance au cours des chapitres précédents – se disloque.

Le petit écran bouleverse le concept de plan

Dans la rhétorique classique, le plan est libre. Même s'il obéit à un certain nombre de contraintes, celles-ci laissent une grande liberté à l'orateur, qui n'est guidé que par un souci de clarté et d'équilibre. Bien qu'il nécessite une grande habileté, le plan n'est donc qu'un principe d'ordonnancement, dont la fonction première n'est pas d'influencer l'orientation et le contenu du discours.

Ce n'est pas le cas dans le domaine de la rhétorique audiovisuelle. Avec la télévision, la construction du plan, comme la plupart des étapes nécessaires à la préparation du discours, entrave un peu plus encore la liberté de l'orateur. S'il devait à l'origine permettre d'intégrer et de coordonner un maximum d'idées, dans le cadre de l'audiovisuel le plan régit un minimum d'idées et de paroles : le maître mot est l'élimination.

Tous les aspects du discours sont donc redéfinis en vertu d'un principe de restriction de toutes les libertés que la rhétorique classique permettait jusqu'à l'avènement de la télévision. Le vocabulaire est déjà restreint à 2 500 mots ; les idées sont elles aussi élaguées ; et le plan lui-même, qui avait pour objet d'ordonner harmonieusement tous les éléments du discours, a désormais pour rôle d'en réduire le nombre.

L'orateur cathodique doit donc structurer les composantes rhétoriques de manière à obtenir le résultat le plus concis possible. Seul l'essentiel doit demeurer.

Ce n'est d'ailleurs pas le seul aspect du plan qui soit modifié par la télévision. Selon la rhétorique classique, le plan était principalement régi par le registre rationnel : le mode déductif, qui consiste à enchaîner les éléments du discours selon un principe de déduction logique, guidait donc l'ordonnancement des idées et des mots qui les formulent. Même si l'orateur avait choisi de placer son discours dans le registre émotionnel, le classement des arguments obéissait aux lois de la raison.

À la télévision, c'est le mode associatif qui domine. Le rapport entre les éléments enchaînés les uns aux autres ne relève pas d'un lien logique et déductif. Selon l'acception mathématique, une opération associative est celle « dans laquelle le groupement de facteurs consécutifs (et leur remplacement par le résultat de l'opération partielle effectuée sur eux) n'affecte pas le résultat[1] » d'ensemble. En termes de rhétorique, cela veut dire qu'on peut enlever un des arguments enchaînés selon le mode associatif sans changer le sens du discours, ce qui était tout à fait exclu dans le plan déductif.

1. *Le Petit Robert,* 1994.

Ce que le plan gagne en concision, il le perd donc en pertinence et en liberté. Mais quelle liberté ? L'orateur cathodique dispose certes de moins de mots, de moins d'idées, de moins de combinaisons logiques et stylistiques pour mettre en valeur son discours. Mais le recours au registre émotionnel lui apporte un avantage : il le dispense d'avoir à établir des transitions logiques entre les idées, ce qui demande un travail considérable et un minimum de talent. Le passage d'une idée à une autre se fait par juxtaposition de mots et non plus par enchaînement logique. Il s'agit moins de changer habilement d'idée que de développer une seule idée sous des formes différentes.

Tout est alors permis, sous réserve que ce soit compréhensible par le plus grand nombre. Mais il est probable que, si les discours modernes avaient été soumis à la critique des Anciens, les orateurs auraient été hués par la foule de l'agora pour leur manque de rigueur intellectuelle.

2

Les différents types de plans

Allocution télévisée ou interview ?

En fonction de la nature du discours, le plan obéit à des règles différentes. Mais, quel que soit le type de discours, le plan a perdu de son importance avec la télévision.

C'est évident dans le cadre des interviews, où l'orateur est tenu de répondre à des questions précises qui ne lui laissent pas la liberté de suivre un plan préétabli. N'a-t-on pas en effet l'impression, en regardant les débats ou les interviews télévisés, que les hommes politiques et les journalistes « jouent le jeu » de la spontanéité ? Mais, bien que l'illusion soit parfaite, le jeu des questions-réponses est soigneusement préparé. En réalité, les premiers ne prennent pas le risque d'être désarçonnés par une question gênante ni les seconds de couler l'audimat au cas où leur interlocuteur répondrait par des silences ou des répliques sans intérêt. Il faut en effet que l'homme politique paraisse sincère sans perdre la face et que le journaliste soit assuré de produire un spectacle qui plaira aux téléspectateurs. De ce fait, l'existence d'un plan, qui devrait être exclue dans le cadre de l'interview, se révèle non seulement possible mais nécessaire.

Cependant, d'une manière générale, l'importance d'un plan augmente avec la longueur de l'intervention. Or, si la durée peut atteindre exceptionnellement les trente minutes, elle est le plus fréquemment de dix et descend même souvent au-dessous d'une minute. L'impératif de concision par souci d'efficacité est encore renforcé, dans le cadre des campagnes électorales, par l'obligation de respecter un temps de parole égal pour tous dans le processus démocratique des élections. Chaque seconde étant minutieusement décomptée, la moindre parole est pesée. Dans le cas le plus courant d'une allocution d'une dizaine de minutes, plusieurs types de plans peuvent être retenus pour présenter le sujet.

Les trois plans de l'allocution

Le premier est le *plan historique*. Pour qu'on puisse adopter un tel plan, il faut évidemment que le sujet ait une histoire, mais surtout que cette histoire présente des dates charnières, connues du public et communément acceptées. Si les dates charnières sont claires, le sujet pourra être traité de manière linéaire et ponctué des coupures nécessaires au rythme du discours et à son assimilation par le téléspectateur. L'enchaînement sera logique et les repères évidents. En revanche, un sujet dont l'historique est protéiforme, ou polémique, nécessitera un plan différent.

Il est alors conseillé d'adopter un *plan organique*, qui consiste à présenter le sujet à travers une description relativement détaillée des institutions ou des organismes concernés, en soulignant qui a le pouvoir de décision, qui sont les principaux acteurs de ce phénomène, quel est leur statut, etc. Certes, cet angle de présentation a toutes les chances de produire un discours quelque peu fastidieux et plat. Pour lui donner du relief, il est bon d'avoir recours à des exemples concrets, à des comparaisons puisées dans l'histoire ou l'actualité. Il va de soi que les descriptions trop minutieuses sont à proscrire, car elles risquent de dévorer un temps précieux et de nuire à la mémorisation du discours par les téléspectateurs. En effet, le plus souvent, seul le détail est retenu au détriment de l'ensemble. Et, le temps cathodique s'écoulant plus inexorablement encore que le temps ordinaire, chaque parole doit satisfaire au critère d'efficacité car, une fois prononcée, elle ne pourra pas être corrigée.

Il existe un troisième type de plan, qui permet d'échapper à la banalité linéaire du premier et à la monotonie du deuxième.

Le *plan d'idées* est beaucoup plus séduisant, mais bien moins facile à structurer. Il est indispensable de trouver l'idée générale qui devra à la fois animer le plan et lui servir de structure. Ici, il n'est plus question de s'appuyer sur l'énumération des événements historiques ou la description d'institutions pour ordonner les arguments du discours.

C'est à l'orateur de trouver les liens qui enchaînent les idées dans le développement du discours.

Pour illustrer ces trois cas d'école, prenons l'exemple de l'Europe. Ce sujet peut être étudié de manière historique, en retraçant les grandes étapes de son développement, car les dates charnières ne manquent pas. Il peut être traité de manière organique, en décrivant les institutions qui définissent l'Europe et en retraçant leur fonctionnement. Enfin, il peut aussi être développé selon un plan d'idées, en présentant l'Europe comme un facteur de progrès pour les populations qui la composent ou au contraire comme un danger pour la souveraineté de la culture et de l'État français.

Un même sujet peut donc être traité de plusieurs manières. L'orateur a le choix, et seul l'objectif à atteindre oriente sa décision. Mais il doit toujours se soumettre à une contrainte, celle du temps.

Le facteur temps

Le module minimum est de l'ordre de la minute, soit environ 150 mots. Que dire dans ce laps de temps?

D'abord, éviter de perdre du temps à dire que l'on n'en a pas. Peu d'hommes politiques esquivent cet écueil. Le discours piétine alors vainement dans ce genre de considérations :

« Eh bien voilà, j'ai très exactement cinquante-six secondes pour vous dire... »

« Je bénéficie d'un cadeau exceptionnel : une minute pour convaincre ! »

« Trouvez-vous démocratique que, depuis cinq mois, le Parti fédéraliste n'ait pas eu une seconde pour vous exposer son programme ? »

« J'ai deux minutes pour vous convaincre, deux minutes, c'est à peu près le temps qui vous sera nécessaire pour voter dans quelques jours ! »

La deuxième tentation à laquelle les hommes politiques succombent trop souvent, c'est la prolixité. À force de vouloir trop en dire, on finit par « gaver » le téléspectateur. C'est l'indigestion garantie, la nausée à coup sûr et le rejet assuré... En tant qu'orateur, n'oubliez jamais que son esprit ne peut enregistrer que 150 mots en une minute. Ne tentez pas non plus de biaiser en introduisant une nouvelle idée chaque fois que vous prononcez un mot, car le discours deviendrait incohérent.

Il faut en fait se livrer au délicat exercice de l'extraction de texte : ne retenir par exemple qu'une dizaine de mots clés sur les 1 000 mots d'un discours. On peut même aller parfois jusqu'à ne conserver qu'une seule idée et la présenter habilement dans une phrase choc, la fameuse « petite phrase », qui restera dans les esprits comme un slogan.

Heureusement, pour faciliter la mémorisation du message, qui demeure l'objectif principal de l'orateur, ce dernier dispose de moyens.

Trois moyens pour pallier le manque de temps

Compte tenu du peu de mots et de temps dont dispose l'orateur cathodique, trois procédés aussi efficaces que pratiques peuvent lui permettre de transmettre son message (ou son slogan) en prenant toutes les précautions pour qu'il soit mémorisé par les téléspectateurs : ce sont la répétition, l'injonction et l'exemple frappant.

La répétition constitue le facteur de mémorisation par excellence. Elle concerne aussi bien celui qui parle – ou son parti – qu'une action. Les figures de répétition sont très nombreuses, comme nous le verrons, et elles peuvent porter sur tous les aspects du discours (signifiant, signifié, sonorités, etc.). Il est même possible de les combiner de manière à multiplier leurs effets respectifs : répétition du même substantif jusqu'à ce qu'il résonne comme un refrain dans l'esprit du téléspectateur ; utilisation de ses dérivés lexicaux (verbe et/ou adjectif) ; répétition de la même idée sous des formes différentes ; répétition des sonorités rappelant le substantif censé incarner l'idée maîtresse... Combien de publicités, fondées sur ce principe, ont-elles infiltré notre esprit sournoisement, au point que nous sommes incapables de les oublier et que nous nous surprenons parfois à reprendre leur slogan ? Avec un peu d'habileté, ce qui est à l'origine une faute de français peut devenir un modèle à suivre.

L'injonction agit sur un autre aspect de notre sensibilité : notre sens des responsabilités. Même si ce procédé éveille notre méfiance, il présente plusieurs avantages : il ne s'encombre pas de préalables et ses effets sont immédiats. Compte tenu des restrictions de temps imposées par la télévision, il est particulièrement adapté à ce média. Enfin, l'injonction (« Il faut m'écouter, car c'est un devoir ») est d'autant plus efficace qu'elle est doublée d'une interpellation directe («Écoutez-moi, car c'est votre devoir»). Si elle est associée à une répétition, qu'elle a alors pour fonction de renforcer, le téléspectateur est bien obligé de mémoriser l'idée qu'elle véhicule.

Quant à l'exemple frappant, il permet d'enfoncer le clou, y compris dans les mémoires les plus hermétiques. En effet, les images concrètes s'impriment plus facilement dans nos esprits que n'importe quel raisonnement. Les abstractions nécessitent de la réflexion et de la concentration pour être intégrées par nos cerveaux, contrairement aux images qui s'imposent d'elles-mêmes. L'exemple frappant attire l'attention, qu'il soit positif ou négatif, qu'il agisse comme un aimant ou comme un repoussoir. C'est le mémento grâce auquel le téléspectateur pourra se souvenir de tout le reste du discours.

Deux exemples, tirés d'allocutions d'une minute au cours de la campagne officielle pour les élections au Parlement européen en 1999, peuvent être proposés pour étayer notre propos. Nous n'avons cependant pas conservé [1] la mise en forme qui apparaissait sur l'écran au moment où l'homme politique prononçait son discours.

---

1. Sur l'écran, la justification du texte – que nous avons réduite pour en faciliter la lecture – était de neuf centimètres exactement. Comme nous l'avons déjà souligné, cette mesure permet à l'orateur de lire son texte sur le prompteur sans que ses yeux ne bougent de gauche à droite. Dans ces conditions, le téléspectateur peut croire qu'il improvise ou qu'il a appris par cœur son discours.

Exemple 1	**La répétition**

Ce premier texte comprend exactement 67 mots, ce qui est relativement peu pour un discours d'une minute. Il semble évident qu'il a été prononcé lentement, de manière que l'orateur puisse appuyer sur chaque terme important.

L'efficacité de ce discours est fondée sur la répétition de mots clés, mais aussi de thèmes répétés sous différents tours. Le même syntagme, « Vivant Énergie France » (souligné dans le texte), est répété non moins de quatre fois tout au long du discours. Le fait qu'il s'agisse du nom du parti n'est évidemment pas un hasard. Le verbe « voter », avec ses déclinaisons (en italique dans le texte), est répété six fois. Enfin, les thèmes exprimés dans le titre par les termes « Vivant » et « Énergie » sont répétés par des formulations différentes tout au long du discours, respectivement par « c'est la jeunesse » et « pour notre avenir », et par « l'énergie de l'Europe » et « créer des emplois ». Cet exemple démontre que les répétitions mettent l'accent sur les mots et les thèmes

En *votant*
Vivant Énergie France,
je *vote* pour l'allocation
universelle de base
qui nous garantit
un revenu.
L'énergie de l'Europe
c'est la jeunesse.
Voter
Vivant Énergie France,
c'est *voter*
pour notre avenir.
Retraités agricoles, dix-
huit ans
qu'on se moque de
nous.
Restons apolitiques et
votons
Vivant Énergie France.
Pour créer
des emplois,
il faut supprimer
la taxe professionnelle
et les charges
sociales
en *votant*
Vivant Énergie France.

clés véhiculés par le discours. Le téléspectateur retient qu'il faut «voter» pour «Vivant Énergie France».

Si ce texte est principalement fondé sur la répétition, il n'en comporte pas moins aussi des injonctions (en gras dans le texte), censées souligner l'effet des répétitions puisqu'elles portent sur les termes répétés : «restons apolitiques et votons Vivant Énergie France», «il faut supprimer la taxe professionnelle et les charges sociales en votant Vivant Énergie France».

Exemple 2	**L'exemple frappant**
Ce discours d'une minute comporte 154 mots, ce qui le situe dans la moyenne conseillée à tous les orateurs pour leur vitesse d'élocution. Il est donc beaucoup plus riche en mots que l'exemple précédent, ce qui d'ailleurs est logique. En effet, la «recette» employée dans ce discours pour insister sur le message n'est pas la répétition mais l'exemple frappant (souligné dans le texte). L'exemple frappant, d'autant plus frappant qu'il est répété sous différentes formes, nécessite plus de matière pour se déve-	La vaccination **doit redevenir** un acte médical entre le patient et le médecin au terme de la consultation, sans aucune obligation ni contrainte. La liste d'Antoine Waechter est la seule à défendre totalement cette option de santé. Un Français sur quatre meurt du cancer,

lopper que la répétition de termes clés.

L'illustration est toujours plus volumineuse que la théorie. Ici, on relève huit exemples frappants (ou images), symbolisant chacun fortement un concept : « la vaccination doit redevenir un acte médical », « un Français sur quatre meurt du cancer », « huit sur dix développent une allergie », « tout est pollué : l'air, l'eau, notre alimentation », « des élevages en batterie », « de la viande aux hormones », « des cultures génétiquement modifiées », « les camions ont doublé en dix ans sur nos routes, au détriment de notre climat et de notre environnement ». Or tous ces exemples frappants illustrent une réalité catastrophique sur le plan humain et écologique, même celui de la vaccination par lequel est introduit le discours. En toute logique, ceux qui veulent voter pour la santé et la vie n'auraient pas d'autre choix que de voter pour ce parti de l'écologie.

L'usage d'injonctions (en gras dans le texte) permet de donner plus de force encore à ces exemples frappants. D'un point de vue grammatical, le thème des injonctions est tou-

huit sur dix
développent
une allergie,
parce que tout
est pollué :
l'air, l'eau,
notre alimentation.
L'Europe
doit conclure
une nouvelle alliance
avec ses agriculteurs
pour se débarrasser
des élevages
en batterie,
de la viande
aux hormones,
des cultures
génétiquement
modifiées.
Les camions
ont doublé
en dix ans
sur nos routes,
au détriment
de notre climat
et de notre
environnement.
Eh bien, ce n'est pas en votant
pour les partis du gouvernement
que vous provoquerez
un changement,
ils sont

jours un exemple ou un concept personnifié, qu'il s'agisse de la vaccination: «la vaccination doit redevenir un acte médical», de l'Europe: «l'Europe doit conclure une nouvelle alliance», de l'écologie: «faites le choix de l'écologie» ou de la vie: «faites le choix de la vie».

Dans ces deux derniers exemples, l'injonction se double d'ailleurs d'un appel au téléspectateur, par la deuxième personne du pluriel de l'impératif. Une gradation permet donc à l'orateur de passer de l'injonction impersonnelle à un ordre destiné au public.

à l'origine de ces crises.
Alors, le 13 juin,
faites le choix
de l'écologie,
faites le choix
de la vie.
Vous ne trouverez
nos bulletins
que dans les bureaux de
vote.

3

Introduction et conclusion

Huit méthodes pour introduire une allocution

On peut recenser huit façons différentes de commencer son discours, dont certaines sont davantage appropriées au mode audiovisuel.

La première consiste tout simplement à parler de la pluie et du beau temps. N'est-ce pas le moyen le plus répandu pour engager la conversation quand on ne sait pas comment aborder quelqu'un? On prend la température, on s'échauffe, on se prépare avec une phrase conventionnelle et banale du type : « Il fait très froid ce soir » ou « Un soleil radieux est avec nous ». Cette attaque du discours sur le mode phatique est nécessaire si l'émission à laquelle on est invité, une émission de variétés par exemple, impose qu'on respecte un temps neutre avant d'entrer dans le vif du sujet.

La deuxième méthode est plus subtile, puisqu'elle consiste à créer un suspense. On annonce par exemple en début d'émission qu'avant la fin l'orateur dira s'il est candidat à un poste électif ou citera les dispositions proposées pour alléger les impôts. Il faut toujours s'assurer qu'il s'agit d'un vrai suspense, qui tiendra tous les téléspectateurs en haleine jusqu'à la fin du discours. Et, surtout, garder à l'esprit qu'à la télévision le suspense ne doit jamais durer trop longtemps.

Quant à la troisième introduction, elle nécessite un certain talent de conteur. Commencer un discours en racontant une histoire n'est pas donné à tout le monde, et les blagues sont à proscrire. En bref, non seulement vous devez être un excellent narrateur, mais vous devez choisir votre histoire avec soin : elle doit être capable de capter l'attention du téléspectateur tout en le préparant à recevoir les informations les plus sérieuses.

Une quatrième manière de commencer son allocution consiste à faire référence au lieu où se déroule l'émission. Elle n'est utile que si l'endroit peut faire l'objet d'une remarque originale, ou encore si l'orateur a un lien privilégié avec lui. Il est bien sûr préférable que cette référence ait un rapport – quitte à le souligner par une transition habile – avec l'information qui sera donnée ensuite dans le corps du discours.

La cinquième est à la portée de tout le monde, puisqu'il s'agit de commencer le discours par une référence à l'expérience personnelle. C'est l'accroche de prédilection du discours télévisé, car elle a le pouvoir de toucher tous les types de public. C'est aussi un moyen pour l'orateur de renforcer son statut avant de donner au téléspectateur les informations attendues. Ce dernier aura alors le sentiment qu'il a en face de lui un homme d'expérience, qui sait de quoi il parle.

La sixième, la provocation, doit évidemment être maniée avec adresse. Elle peut être tolérée d'un homme politique qui cherche à s'affirmer : on pardonnera plus facilement sa fougue à un jeune novice qu'à un homme politique confirmé de qui on attend plus de retenue. Cette entrée en matière a pour avantage d'éveiller fortement l'intérêt du téléspectateur, mais elle doit être utilisée avec une extrême modération compte tenu des effets dévastateurs que le procédé peut engendrer.

La septième méthode s'intègre parfaitement dans le paysage audiovisuel, puisqu'elle permet d'ouvrir le discours par une référence à un événement d'actualité. Entre les journaux télévisés qui ponctuent les programmes sur toutes les chaînes et les émissions spécialisées, les téléspectateurs ont peu de chance d'échapper aux informations ; ils seront donc déjà sensibilisés au sujet abordé. De plus, ce type d'introduction se prête particulièrement bien aux discours politiques, nécessairement ancrés dans l'actualité et censés apporter des réponses aux questions que les téléspectateurs se posent. Après avoir rappelé les faits objectifs, l'orateur pourra les commenter et donner sa propre interprétation. Il y aura préparé l'auditeur sans avoir eu recours à des circonlocutions.

La huitième introduction met en jeu l'aspect relationnel de la rhétorique, puisqu'il s'agit d'interpeller directement l'auditoire. Comme l'injonction, dont nous avons étudié précédemment les avantages, l'appel aux téléspectateurs permet à l'orateur de personnaliser la relation qu'il entretient avec son public et de l'inciter à s'y investir. En introduction, cela donne l'occasion de souligner l'intérêt et le respect que l'orateur porte au public. S'il commence son discours en interpellant le public, n'est-ce pas le signe que l'homme politique pense en priorité aux citoyens ? Que ce soit sous forme de compliment – la flatterie paie presque toujours tant qu'elle n'est pas excessive – ou par une phrase rappelant à l'auditoire sa curiosité pour le sujet qui va être traité, ce procédé déplaît rarement au public.

La petite phrase conventionnelle, le suspense, l'histoire, la référence au lieu, l'expérience personnelle, la provocation, l'actualité et l'appel à l'auditoire sont autant de leviers qui permettent à l'orateur d'introduire efficacement son discours. Il en existe d'autres, mais ceux-là demeurent les mieux adaptés aux exigences du petit écran.

Comment conclure ?

Le procédé le plus simple et le plus efficace est encore le résumé, comme on nous l'a appris à l'école. Il s'agit alors de formuler une phrase concise, reprenant les mots clés du discours, dont les téléspectateurs puissent se souvenir aisément. Quant aux prolongements vers l'avenir par lesquels on conseille de clôturer toute bonne dissertation, ils font appel à une faculté d'adaptation que les téléspectateurs ne possèdent pas nécessairement. L'essentiel, c'est que l'auditoire comprenne le message, et non qu'il en devine vaguement les conséquences potentielles. Il est donc préférable de s'en tenir à une synthèse claire et aux faits plutôt que de se lancer sur les chemins sinueux d'un avenir hypothétique et conjectural.

Cependant, la conclusion autorise quelques libertés. Elle varie évidemment en fonction du type de discours et de son contenu.

Pour conclure des revendications, il est conseillé de rester sur le mode émotionnel. Au besoin, il ne faut pas hésiter à renforcer l'émotion par une touche de personnalisation en s'adressant directement aux téléspectateurs. Vous pouvez par exemple leur demander de déposer un bulletin de vote qui dise « ce que vous avez sur le cœur, ce que vous avez dans le cœur ». Ainsi, vous montrez que vous vous souciez du téléspectateur, que vous vous intéressez à ce qu'il est, à ce qu'il pense, à ce qu'il aime.

Quelle que soit la nature du message, faire appel à son destinataire dans les dernières secondes de l'intervention demeure certainement la meilleure façon de conclure un discours politique. En effet, dans ce domaine, l'orateur a besoin du téléspectateur – ne serait-ce que pour exister publiquement, car il ne doit sa présence à la télévision qu'à son poids électoral, potentiel ou avéré – et a toujours quelque chose à demander au public : son adhésion, son vote, son soutien, son approbation... Le plus simple, et le plus payant, est donc de le faire directement, en sollicitant son aide, sa voix ou toute autre action que le téléspectateur est en mesure d'effectuer. Le recours à l'injonction est donc conseillé pour obtenir une réaction de la part de ceux qui écoutent.

En revanche, la citation finale est à bannir, tout comme la citation introductive d'ailleurs. Ce procédé a quasiment disparu avec l'avènement de la télévision, bien qu'il ait été longtemps le moyen privilégié, pour les hommes politiques, de commencer ou de finir leur allocution. La disparition des citations dans la rhétorique audiovisuelle s'explique par la crainte qu'a l'orateur de se tourner ainsi vers une personnalité célèbre qui pourrait porter ombrage à son aura ou qui risquerait d'être inconnue, voire détestée, d'une large part du public. En effet, pour que le recours à une citation présente de l'intérêt, il faudrait que l'orateur et l'auditoire aient une connaissance et une appréciation communes de l'auteur cité. Or c'est rarement le cas avec un public hétérogène comme celui de la télévision. Dans la rhétorique classique, l'*endoxa*, l'opinion commune à celui qui parle et à ceux qui écoutent, permettait d'orienter très précisément le discours. On ne peut malheureusement plus compter sur ce facteur avec l'auditoire audiovisuel.

Partie 4

Raisonner et convaincre

1

Le registre rationnel revu et corrigé par la télévision

La télévision a-t-elle tué la raison ?

Comme nous l'avons déjà souligné, la rhétorique peut être développée à travers deux types de registres : le rationnel et l'émotionnel. Qu'on privilégie l'un de ces registres n'exclut pas qu'on puise dans les procédés de l'autre pour renforcer le message. Contrairement aux discours classiques, il est très rare que des discours audiovisuels se situent à égale distance de ces deux pôles. Mieux vaut en effet choisir, en fonction du message que l'on souhaite diffuser, du public que l'on veut toucher et de l'image véhiculée par l'orateur, un registre, une couleur, un ton facilement identifiables plutôt que de produire un discours hybride et sans âme.

Mais faut-il choisir le registre émotionnel ou le registre rationnel ? Vaut-il mieux parler le langage du cœur ou celui de la raison ?

Pour ne citer que cet exemple illustre, le modèle démocratique de la Grèce repose sur l'argumentation. En principe, au sein d'un tel régime, c'est l'argumentation logique qui règle la liberté de parole et d'action des citoyens, qui définit les limites du possible et de l'acceptable. D'où l'importance de la rhétorique dans la démocratie athénienne. Cet instrument qui permet de convaincre l'auditoire représente donc à l'origine bien plus qu'une réglementation langagière. C'est toujours le cas aujourd'hui, mais dans une certaine mesure seulement puisque les citoyens sont représentés par des élus.

Pour convaincre, il faut tenir compte de la crédibilité de l'émetteur, du degré de croyance des membres de l'auditoire et des qualités intrinsèques des arguments qui doivent s'inscrire dans une logique rationnelle. En bref, pour avoir une chance d'être convaincant, l'orateur doit privilégier le contenu du discours, et plus précisément encore la rationalité des arguments qui y sont développés. Dans un tel schéma, les causes l'emportent sur les effets, les raisonnements structurés sur les images, et rien ne peut être le fruit du hasard. Toute assertion doit être justifiée, argumentée.

Avec l'avènement de la télévision, nous avons assisté à un renversement de cette norme. Désormais, l'émotion aurait plutôt tendance à nous faire perdre la raison. Mais, si l'image prend le pas sur la parole et si les illustrations éclipsent les principes abstraits dont elles sont issues, il ne s'agit pourtant pas d'enterrer la raison !

La raison justifie l'émotion

La pertinence d'un raisonnement et sa force de conviction reposent sur l'évidence des arguments qui l'étayent. Même avec beaucoup de bonne volonté, on peut difficilement contester que 1 plus 1 fassent 2. Le raisonnement logique devrait donc être le plus apte à convaincre un auditoire et le registre rationnel demeurer l'arme de prédilection des orateurs, et *a fortiori* des hommes politiques, comme ce fut d'ailleurs presque toujours le cas.

Cependant, le raisonnement s'adapte mal à l'audiovisuel. En effet, pour pouvoir se développer, il exige du temps, et l'audiovisuel en est particulièrement avare. De plus, pour que le raisonnement soit suivi et compris par ceux auxquels il est destiné, il faut que l'orateur et le public partagent un fonds commun de savoir. Or cette connivence est irréalisable compte tenu de la diversité du public auquel l'homme politique s'adresse à travers la télévision.

L'argumentation logique se heurte alors presque systématiquement à l'incompréhension du téléspectateur. Non seulement l'orateur risque de ne pas être entendu, mais le message qu'il souhaitait transmettre a toutes les chances d'être rejeté dans son ensemble.

La rhétorique rationnelle ne doit pas être écartée pour autant. Elle reste d'ailleurs le seul moyen, pour l'orateur audiovisuel, de construire une image crédible aux yeux des téléspectateurs. Paradoxalement, le registre rationnel servira de ciment au registre émotionnel. Aujourd'hui encore la raison reste le seul matériau qui puisse assurer une base solide à un discours. Ayant ainsi acquis la confiance du public, l'orateur aura tout le loisir d'abandonner le terrain du rationnel pour se lancer sans danger dans les volutes fragiles de l'émotionnel. Dès lors, le message, même émotionnel, simplifié ou approximatif, sera accepté.

Malgré tout, la rhétorique rationnelle peut encore jouer un rôle plein dans le discours politique. Elle n'en est pas réduite à devenir un instrument au service de la rhétorique émotionnelle. Et, même si, compte tenu des caractéristiques du petit écran, son maniement est devenu ardu et ses effets incertains, il serait dommage de se priver d'un instrument qui préserve si sûrement la liberté de jugement tout en comportant un tel pouvoir de convaincre.

N'est-il pas grand temps de réhabiliter la rhétorique rationnelle en apprenant à la domestiquer et en l'adaptant aux exigences de la télévision ? N'est-ce pas le seul moyen de limiter les abus engendrés par la prédominance de l'image et de l'émotionnel dans un domaine aussi capital que celui de la politique ?

2

Le rationnel au service de la crédibilité

Consolider la crédibilité de l'orateur

Aujourd'hui, la fonction principale de la rhétorique n'est plus de mener, par la logique du raisonnement, à la vérité, mais paradoxalement de permettre le développement d'arguments subjectifs en renforçant la crédibilité de l'orateur. En bâtissant la rhétorique émotionnelle sur des fondations rationnelles, l'orateur s'assure que les téléspectateurs lui accorderont du crédit, aussi discutables et arbitraires que soient les arguments de son discours. Il pourra alors facilement développer des arguments émotionnels propres à séduire les téléspectateurs.

Cependant, comment faut-il procéder? N'est-il pas extrêmement difficile d'utiliser le discours rationnel pour construire l'image de crédibilité d'un homme politique, puis de changer ensuite de registre de communication sans éveiller les soupçons du public ? Ce tour de passe-passe n'est-il pas dangereux, et condamnable, sur le plan éthique ?

C'est pourtant une méthode souvent pratiquée à la télévision. En effet, presque tous les discours qui entendent démontrer une thèse, quelle qu'elle soit, utilisent ce procédé.

Une technique, des cas pratiques

Pour présenter son sujet, l'orateur a parfois recours à un vocabulaire d'une haute technicité, accompagné d'un raisonnement implacable appuyé sur des relations de cause à effet. Ce discours, inintelligible pour la grande majorité de ceux qui écoutent et regardent, n'est pas destiné à être compris. Sa première fonction est de pousser le téléspectateur à se dire : « Il sait de quoi il parle, il détient l'information, on peut lui faire confiance. » Si le public a admis ce principe, toutes les affirmations de l'orateur, même les plus « impressionnistes » et émotionnelles, sont acceptées sans discussion.

Prenons deux exemples pour illustrer cette technique.

À propos d'un tremblement de terre, le journaliste annonce : « Un tremblement de terre d'intensité 6,3 sur l'échelle de Richter [qui connaît l'échelle et l'importance capitale de la décimale ?]. Il y a eu 87 blessés dont 7 de moins de dix ans et 8 de moins de six mois [...] » Et de conclure : « Ce fut une catastrophe épouvantable. » Les téléspectateurs ne retiendront que cette dernière phrase, et ils la considéreront comme l'information capitale du discours. Pourtant, si l'on y regarde de plus près, ce n'est rien d'autre qu'une lapalissade : existe-t-il des catastrophes qui ne soient pas épouvantables ? Et pourtant personne ne mettra en doute cette affirmation. Bien que les téléspectateurs ne retiennent pas les données objectives du sujet, ce sont elles qui justifient la petite phrase « émotionnelle ». Après coup, le téléspectateur ne pourra restituer aucune de ces informations, mais il restera marqué par un sentiment d'effroi et de peur, que le seul terme de « catastrophe » suffit à évoquer, et par des images de destruction suggérées par l'adjectif « épouvantable ».

Il en va de même en politique. D'un taux de chômage passé de 0,3 % à 0,2 %, un homme politique peut faire un véritable miracle économique et social. En s'appuyant sur des statistiques françaises et étrangères, en noyant le téléspectateur sous les chiffres et en ayant recours à des notions comme celle du « mois glissant [1] », pour ne citer que cet exemple, il pourra se permettre de conclure triomphalement : « Le chômage est en baisse ! » D'un fait statistiquement insignifiant, l'orateur aura tiré un événement politiquement significatif. Il ne lui reste ensuite qu'à utiliser le même procédé pour démontrer qu'il est à l'origine – lui ou son parti – de ce « fantastique » progrès.

---

1. Le « mois glissant » est une technique bien connue des statisticiens, qui consiste à faire référence aux douze mois précédents de préférence aux douze mois de l'année précédente.

3

L'INTÉRÊT : LA RAISON PAR EXCELLENCE

Les justifications de la politique

Un discours fondé sur le registre rationnel doit répondre à des critères logiques relatifs au sujet qu'il traite. On ne peut démontrer rationnellement le bien-fondé d'une thèse philosophique sans respecter les principes mêmes du concept de philosophie. Pas plus qu'on ne peut défendre une innovation médicale sans tenir compte des principes fondateurs de la médecine comme la guérison et l'amélioration de la santé. Il en est de même en politique. Aussi est-il utile de rappeler les principes qui légitiment l'existence de la politique avant de définir les stratégies grâce auxquelles l'orateur pourra les mettre en valeur.

Dans les décisions que les gouvernants sont amenés à prendre, l'intérêt général a toujours occupé une place capitale. C'est le facteur qui à la fois légitime la décision et permet son application. Dans une relation interpersonnelle, la notion d'intérêt général sert d'alibi aux hommes politiques : elle leur permet de justifier leur programme et les mesures qui sont ensuite adoptées. Mais l'oubli par les uns (les orateurs) des promesses électorales et la méconnaissance par les autres (les citoyens) des mesures prises par la suite ont offert une relative liberté aux hommes de pouvoir pour conduire sans souci leur politique une fois élus.

Dans ce domaine, la télévision a apporté un véritable progrès, puisqu'elle permet aux citoyens de suivre et de contrôler les agissements des hommes et des femmes au pouvoir. Elle offre aux téléspectateurs-électeurs une meilleure connaissance des mesures prises par les politiques et leur permet de vérifier que les promesses lancées lors des campagnes électorales ont été tenues. En effet, tout ayant été enregistré par la caméra, le recours aux images et aux paroles vues et entendues lors des campagnes peut réveiller la mémoire des citoyens et, le cas échéant, rappeler à l'ordre un politique qui ne respecte pas ses engagements.

Le citoyen moderne ne va pas évaluer le bien-fondé des mesures au regard de l'intérêt général, mais par rapport au profit ou au désagrément qu'il en retirera personnellement. La question qui se pose alors à l'homme politique est de savoir comment faire comprendre au citoyen-consommateur en quoi telle ou telle mesure lui est profitable. C'est sans doute ce qui est le plus difficile à démontrer rationnellement devant les caméras, puisque les intérêts individuels, contrairement à l'intérêt général, varient en fonction de chacun.

Mais, comme il y a en marketing un « bénéfice-consommateur », il existe en politique un « bénéfice-citoyen ».

La notion d'intérêt général

La notion d'intérêt général, qui allait de soi dans le cadre de la démocratie directe, a été réinventée au XVIIIe siècle pour servir d'alibi et de justification au régime représentatif qui, *a priori*, est en contradiction avec ce concept.

En effet, les députés sont censés représenter non pas leur circonscription mais la nation tout entière. Carré de Malberg [1] considère qu'il y a là une ambiguïté fondamentale. Si le député représente une circonscription, c'est parce qu'il a un lien électif avec elle. Il ne peut représenter l'ensemble des citoyens avec lesquels il n'a aucun lien. Ce qu'il peut représenter, c'est l'organisation, entité morale et être juridique abstraits. Or, pour qu'il y ait représentation, il faut que cette entité préexiste à ceux qui vont la représenter. Comme l'écrit Carré de Malberg, le néant ne peut être représenté. Pour qu'il y ait représentation de la nation, il faut que, antérieurement à cette représentation, il existe une entité nation. Or cette

1. Raymond Carré de Malberg, *Contribution à la théorie générale de l'État* [Sirey, 1920], Presses du CNRS, 1965, p. 231.

dernière n'acquiert de volonté que par la mise en jeu du mécanisme représentatif. Carré de Malberg en conclut qu'il n'y a pas de représentation nationale, mais seulement une représentation de la volonté nationale. Ce raisonnement est irréfutable. Cependant, Sieyès[2] avait prévu un palliatif : pour donner cohérence et cohésion à la société, il suffit d'évoquer l'intérêt général. Pour Sieyès, la nation est un « corps d'associés », un « assemblage d'individus », et les citoyens détiennent le droit de se faire représenter « à raison des qualités qui leur sont communes et non à raison de celles qui les différencient ».

Cette notion d'intérêt général est censée donner à la société son minimum de cohésion et aux gouvernements leur légitimation pour agir et exercer leur autorité. Les gouvernements se sont longtemps efforcés d'éviter le décalage entre les discours sur l'intérêt général et la réalité des décisions prises, car la perception de ce décalage peut faire apparaître le caractère artificiel de la représentation.

Aujourd'hui, en revanche, et plus exactement depuis que le petit écran a fait son apparition dans les foyers des électeurs, l'intérêt général n'est même plus invoqué dans les discours. Il ne sert plus à

---

2. Emmanuel Joseph Sieyès, dit l'abbé Sieyès (1748-1836), occcupa une place prépondérante et décisive dans la politique française de son époque. Après avoir publié un livre, *Essai sur les privilèges*, et une brochure, *Qu'est-ce que le tiers état ?*, il commença sa carrière politique comme député du tiers état en 1789. Pour l'abbé Sieyès, la volonté générale doit l'emporter sur les formes constitutionnelles.

agréger les intérêts particuliers. La communication audiovisuelle a détruit le mythe qu'il représentait. En effet, s'il était possible, pour les députés, de faire adopter des programmes au nom de l'intérêt général, puis de faire voter des décisions au nom du même intérêt général, l'adhésion à ce principe ne serait pas remise en question. Mais l'appréciation d'une loi se fait aujourd'hui à l'aune des informations données par les hommes politiques et les journalistes. Or les uns et les autres, dans une communication souvent dépourvue de rigueur, mettent en valeur les bénéfices catégoriels plus que les avantages collectifs. L'élection de l'homme politique n'est-elle pas à ce prix? Il est alors évident que la perception de l'intérêt général n'est plus possible quand on incite les citoyens à considérer la politique, et à la juger, en fonction de leurs seuls intérêts particuliers. L'action de communication politique devient ainsi trop souvent une action de désagrégation du concept même de politique.

Il paraît difficile de redonner le sens de l'intérêt général aux citoyens. La solution consisterait cependant à présenter les mesures proposées dans une perspective qui soulignerait les bénéfices généraux à plus long terme. Tout dépend donc de la manière dont la télévision traite ce sujet. Mais les particularités de ce média permettent-elles de mettre en perspective ces mesures? La télévision, telle qu'elle est actuellement utilisée, ne vit que de l'instant. Elle peut reconstituer le passé, éclairer le présent, mais difficilement présenter l'avenir. Ce qui prime aujourd'hui, c'est le bénéfice immédiat que les citoyens attendent des mesures politiques et, à moins d'une transformation radicale de la société, à moins d'une révolution, cela a peu de chances de changer.

En attendant, il ne reste donc aux politiques qu'à persuader l'opinion qu'une mesure bonne pour une partie des citoyens n'est pas nécessairement mauvaise pour les autres. C'est ici que la maîtrise de la communication, et des moyens qui la soutiennent, se révèle essentielle.

Le « bénéfice-citoyen »

Faire comprendre aux citoyens, sur les canaux de télévision, que la décision prise par le pouvoir politique leur est globalement profitable est une opération complexe et risquée. Dans le schéma logique de la communication, un ordre précis régit tout acte politique :

1. Données (problème).
2. Décision (solution).
3. Intérêt général (justification).

À partir de données particulières (par exemple l'augmentation du nombre de retraités en France), un problème se pose (comment financer ces retraites ?) ; c'est ensuite qu'intervient la décision politique qui constitue la solution du problème ; et c'est seulement en troisième et dernier lieu qu'apparaît la notion d'intérêt général qui sert de justification à la décision politique. Même si les choses ne se passent pas toujours ainsi dans les faits, c'est en tout cas dans cet ordre qu'elles devraient être présentées par l'orateur lors de son discours.

Ce schéma classique et logique est cependant trop simple pour convaincre un auditoire hétérogène dans un temps limité et avec un vocabulaire restreint. S'il est adapté à un discours « direct », lors d'une conférence, dans une assemblée ou, pour en revenir à des temps plus lointains, au sein de l'agora, il ne répond pas aux critères audiovisuels. Et cela d'autant que les mesures sont elles-mêmes complexes, nécessitent l'utilisation d'un vocabulaire hautement spécialisé et demandent de longues heures de réflexion pour être assimilées – exigences dont la télévision ne peut se permettre le luxe.

Aussi la communication télévisuelle a-t-elle sensiblement modifié les rapports entre le locuteur et le récepteur : le schéma reste le même et l'ordre dans lequel apparaissent les informations aussi, mais le bénéfice-citoyen remplace désormais l'intérêt général. Ce faisant, l'orateur facilite la compréhension de l'argument le plus séduisant : celui qui définit l'intérêt de la décision politique. Au cas où le téléspectateur ne serait pas capable d'établir lui-même un rapport entre son propre intérêt et l'intérêt général, l'orateur prend donc soin de souligner que les bénéfices lui sont destinés personnellement.

En ce qui concerne les retraites, en 2015, statistiquement, les nouveaux retraités ne pourront percevoir la retraite à laquelle avaient droit leurs prédécesseurs. Dès lors, la tâche du gouvernement est d'expliquer les mesures qu'il convient d'adopter pour éviter cet inconvénient à ceux qui aujourd'hui travaillent. Les décisions peuvent être diverses : allégement de la durée du travail, augmentation des charges patronales, aide à la constitution d'un pécule privé. Outre qu'il est très difficile d'expliquer des mesures nouvelles, qui de plus auront un effet différé dans le temps, il est encore plus hasardeux de justifier la mesure dans l'intérêt général ; chacun n'y verra que les inconvénients supplémentaires qu'une telle décision lui impose dans l'immédiat. D'où l'idée de présenter les mesures en insistant sur le bénéfice que pourraient en tirer les salariés (ce sont les patrons qui paient), les patrons (c'est la paix sociale), etc. L'art consiste alors à démontrer que, pour un sacrifice minime, les avantages seront importants. Il est évident que cette démonstration demande une grande habileté.

En tout état de cause, l'intérêt général a disparu et ne peut, au mieux, qu'être le résultat d'un agrégat d'intérêts particuliers. Si la télévision facilite la construction des mythes, elle peut aussi contribuer à les faire disparaître.

4

Les divers modes de rhétorique rationnelle

Développer l'argument du bénéfice-citoyen : les preuves

Contrairement aux apparences, c'est l'argumentation du bénéfice-citoyen qui pose le plus de difficultés aux hommes politiques. Cela ne veut pas dire – enfin, pas toujours – que les décisions politiques sont tellement éloignées de l'intérêt des citoyens qu'il devient délicat de définir en quoi elles peuvent leur bénéficier.

Convaincre le téléspectateur qu'il a tout intérêt à adhérer au discours de l'orateur – et à voter pour lui dans le cas des campagnes électorales – nécessite une maîtrise des procédés de rhétorique rationnelle. Pour cela, l'orateur dispose d'un véritable arsenal de techniques étayées par de nombreuses figures stylistiques [1]. Bien qu'ils soient plus

1. Nous ne citerons pas toutes les figures stylistiques susceptibles d'étayer l'argumentation rationnelle des discours politiques.

limités que dans la relation interpersonnelle, les procédés de rhétorique rationnelle adaptés au discours télévisé permettent d'assurer son organisation argumentaire.

Le raisonnement logique repose sur une démonstration, qui elle-même se nourrit de preuves. La preuve est une affirmation sur laquelle l'orateur s'appuie pour renforcer sa thèse, pour établir la « vérité ». Dans tout discours rationnel, la preuve constitue l'ossature de l'argumentation.

On distingue généralement les preuves extrinsèques, appelées aussi « sans artifices », des preuves intrinsèques, ou « artificielles », qui ont pour fonction de mettre en valeur les premières.

Dans le premier cas, l'orateur a recours soit à des textes de lois, soit à des statistiques émanant d'organismes officiels, soit à des citations de personnalités au-dessus de tout soupçon. Généralement, ces références, même si elles ne sont pas parfaitement comprises, ont beaucoup de poids dans les interventions audiovisuelles.

Dans le second cas, l'orateur doit être suffisamment créatif pour trouver le moyen de mettre en valeur les données objectives (les preuves extrinsèques) qu'il a choisi de citer dans son discours. À lui, par exemple, de souligner un point décisif ou d'attirer l'attention sur un élément capital contenu dans ces exemples incontestables.

S'il suffit d'un peu de temps et d'une bonne bibliothèque pour trouver les preuves extrinsèques, il faut beaucoup d'imagination et de talent pour créer les preuves intrinsèques qui donneront tout leur sens aux informations objectives et en feront des « exemples frappants ».

Certains procédés stylistiques sont consacrés à cet usage et facilitent le travail de création de l'orateur. C'est le cas notamment de la rétorsion, appelée au Moyen Âge *redarguitio elenchica* : « L'argument consiste à montrer que l'acte par lequel une règle est attaquée est incompatible avec le principe qui soutient cette attaque[2]. » On trouve de nombreux exemples de ce procédé de réfutation très usité dans le domaine politique. Une phrase comme la suivante a pour avantage d'interdire par anticipation toute critique éventuelle de la thèse en même temps qu'on l'exprime : « On ne peut pas me reprocher de violer l'État de droit puisque je suis là pour faire respecter le principe même de l'État de droit. » En fait, la rétorsion avance une preuve qui repose sur une évidence allant parfois jusqu'à l'absurde.

La relation de cause à effet

La conséquence est l'objectif que l'orateur veut faire atteindre à l'auditeur. L'énoncé de la cause est le moyen d'expliquer comment on arrive à la

2. Chaïm Perelman *et al.*, *op. cit.*, p. 274.

conséquence. La valeur de la cause force la conviction du téléspectateur et le conduit à adhérer à la conséquence. La relation de cause à effet est le fondement même du raisonnement logique, comme le montrent les deux exemples suivants.

Le premier, puisé dans un discours de Charles de Gaulle, a pour but de démontrer aux électeurs que leur réponse conditionne la réussite de la mission du chef de l'État : « S'il arrivait par malheur que la réponse du pays fût ou négative ou indécise en raison d'une faible majorité [...] quel coup serait porté, m'empêchant de poursuivre ma tâche. » En soulignant ce rapport de cause à effet, Charles de Gaulle confère aux citoyens la responsabilité de sa réussite ou de son échec potentiels.

Quant à Valéry Giscard d'Estaing, il utilise ce procédé pour convaincre les citoyens de la nécessité d'éliminer l'inflation par tous les moyens disponibles : « L'inflation, vous le savez, n'est acceptable ni pour la France ni pour les Français [...] et, puisqu'elle n'est pas acceptable, il faut donc l'éliminer. »

Dans les deux cas, les effets mis en avant par le chef de l'État sont négatifs. Il s'agit de brandir une menace (les conséquences) qui n'est souhaitable pour personne et de démontrer qu'on peut l'éviter en agissant sur sa cause : l'indécision ou le refus des citoyens dans le premier cas, l'inflation dans le second.

La relation de cause à effet peut aussi être fondée sur des valeurs positives. L'argument consiste alors à souligner les effets bénéfiques d'une action ou d'une décision. Cependant, les téléspectateurs sont plus sensibles à la perspective immédiate d'éviter le pire qu'à celle de préparer le meilleur. La peur est plus payante que l'espoir. Dès lors, le couple cause-conséquence fonctionne à plein : les causes conduiront aux conséquences, mais les conséquences rétroagiront sur les causes.

En toute hypothèse, la conclusion est simple : « Votez pour moi ! »

La raison unique

Le rejet du raisonnement ou l'adhésion à son contenu dépend de l'acceptation ou du refus des arguments qui l'étayent. Plus les éléments qui soutiennent un raisonnement sont clairs et fondés, plus ils parviennent à convaincre le téléspectateur. Mais il suffit qu'une des raisons évoquées par l'orateur soit jugée mauvaise par le public pour que la thèse soit rejetée dans son ensemble.

Dans la rhétorique classique, l'énumération de plusieurs raisons était un gage de qualité du raisonnement et donc la garantie, pour l'orateur, de convaincre son public. En effet, si le raisonnement est juste, une multitude de raisons sont susceptibles de l'étayer.

Cependant, dans la rhétorique audiovisuelle, compte tenu du peu de temps imparti à l'orateur et des mécanismes de perception du téléspectateur, l'énumération est un luxe auquel il faut renoncer : une seule raison doit remplacer, à elle seule, l'« ensemble organisé d'arguments menant à une conclusion[3] » sur lequel le syllogisme, le raisonnement dans les règles, devrait être fondé. Cette réduction est d'ailleurs répertoriée par les stylisticiens sous le nom d'enthymème, dont Fontanier donne la définition suivante : « Un rapprochement rapide et vif de deux propositions ou de deux termes d'où résulte une conséquence vive et frappante qui le saisit et l'entraîne d'une manière victorieuse[4]. »

Aussi l'orateur doit-il choisir cette raison avec soin, en prenant garde qu'elle soit convaincante et suffisamment forte pour résister à tous les contre-exemples qui pourraient venir à l'esprit des téléspectateurs.

L'exemple est le moyen qui, dans le domaine audiovisuel comme dans toute démonstration, se révèle le plus efficace. Il permet d'illustrer une idée ou un fait, mais aussi de clarifier un raisonnement abstrait en l'incarnant. On se souvient davantage des réalisations concrètes que des principes qui en sont à l'origine.

La valeur pédagogique de l'exemple en fait donc un outil de communication audiovisuelle privilégié. Il convient évidemment de prendre un exemple connu, pour être sûr qu'il est familier aux téléspectateurs.

Enfin, l'exemple s'intègre d'autant plus facilement dans le paysage audiovisuel qu'il se situe à mi-chemin entre l'ordre de la parole (audio) et celui

3. Définition du « raisonnement » selon le *Gradus*, *op. cit.*
4. Pierre Fontanier, *op. cit.*, p. 382.

de l'image (visuel). C'est pourquoi les orateurs cathodiques préfèrent l'exemple à tout autre type d'arguments, en particulier logiques, pour étayer le raisonnement qui fonde le sens de leur discours.

Pour légitimer une politique tournée vers les jeunes, Jacques Chirac n'a pas hésité à citer dans un de ses discours un illustre exemple de la position qu'il prenait : « Platon déjà, construisant sa société idéale, ne s'y était pas trompé, puisque toute la réforme de la société grecque qu'il envisageait commençait par la réforme des jeunes esprits. »

Pour être efficaces, les exemples doivent être très concrets, quitte, comme c'est le cas de ces exemples puisés dans un discours de Lionel Jospin, à faire d'un personnage du Moyen Âge un représentant des mouvements sociaux du XXe siècle : « À chaque fois qu'il y a des mouvements, il y a toujours des personnalités qui émergent comme cela. Si vous vous souvenez du mouvement des camionneurs, il y avait eu Tarzan. Si vous vous souvenez du mouvement des chômeurs, il y avait eu Robin des Bois. »

Parfois, l'exemple peut s'accompagner d'une figure de style (en l'occurrence une diaphore), qui renforce la mémorisation : « L'emploi de la Défense, c'est la défense de l'emploi : un Rafale, c'est deux mille emplois par an[5]. »

---

5. Discours prononcé lors de la campagne officielle pour les élections européennes de 1999.

La rhétorique rationnelle, grâce à ses vertus pédagogiques, devrait être plus fréquemment utilisée sur les médias. Mais c'est aussi celle qui demande le plus de travail, le plus de rigueur, le plus de souci de la vérité. Malgré les réelles difficultés que cela comporte, les hommes politiques, s'ils choisissaient de convaincre – c'est-à-dire *vaincre ensemble* –, pourraient réduire les marges d'ambiguïté entre gouvernants et gouvernés, entraîner ainsi une adhésion plus rationnelle des électeurs au programme présenté et assurer alors un meilleur fonctionnement de la démocratie.

Partie 5

ÉMOUVOIR ET PERSUADER

1

L'ÉMOTION : LE REGISTRE CATHODIQUE

Le pathos

Communiquer sur le registre du pathos, c'est chercher à provoquer des émotions chez les personnes qui écoutent le message.

Aristote avait déjà décrit le mode émotionnel [1], qualifié par la suite d'asiatique *(pathos)*, en le distinguant du mode rationnel, qualifié d'attique *(logos)*. Marc Fumaroli [2] résume ainsi ces deux modes, à propos des idées d'Erycius Puteanus : le registre asiatique serait lié au luxe, au désordre des mœurs, à l'effémination des caractères, à la demi-culture, et favoriserait un style abondant et périodique, riche de « mots » inutiles mais pauvre de « choses ». Quant

1. Aristote, *Rhétorique*, Gallimard, 1991 (voir notamment le livre III).

2. Marc Fumaroli, *L'Âge de l'éloquence*, Librairie Droz, 1980, p. 158.

au registre attique, qui serait lié à la pureté des mœurs, à la santé, à la frugalité, à la virilité, indissociable selon l'auteur de la vigueur intellectuelle et de la « vraie » science, il s'exprimerait tout naturellement en un style bref, à la fois efficace et irrésistible, pauvre de « mots » mais riche de « choses » solides.

Le pathos a ainsi longtemps été considéré comme une forme de rhétorique mineure. Mais Jean-Jacques Rousseau n'hésitait pas à écrire au XVIIIe siècle : « Si je voulais enseigner la rhétorique à un jeune homme dont toutes les passions fussent déjà développées, je lui présenterais sans cesse des objets propres à flatter ses passions et j'examinerais avec lui quel langage il doit tenir aux autres hommes pour les engager à favoriser ses désirs. »

À la rationalité froide et implacable, le registre émotionnel oppose donc les mouvements passionnés et fougueux de l'âme. Le *Littré* définit d'ailleurs le substantif « émotion » comme : « Tout mouvement de l'âme qui fait sortir de la quiétude. »

L'émotion comporte différents degrés, et peut aller jusqu'au trouble. Plus elle est forte, plus le discours marquera l'esprit du public. N'est-ce pas ce qui explique la surenchère des images révoltantes diffusées sur le petit écran ?

De la vérité à la vraisemblance

Dans le mode rationnel, la structure du discours met en œuvre un raisonnement logique qui doit convaincre l'auditoire et correspondre à une quête de la vérité. Dans le mode émotionnel, le discours s'adapte au contraire à ce que le public *croit* vrai. La vérité cède donc le pas au vraisemblable, l'essentiel n'étant plus de convaincre le public de la véracité d'une chose, mais de le persuader qu'elle est vraie ou plus exactement probable.

Ce glissement s'opère dans le cadre même du raisonnement – qui devrait appartenir essentiellement à l'ordre du rationnel, mais qui peut être fondé sur des émotions –, comme l'illustre si bien l'évolution de sa définition par les penseurs de la rhétorique moderne.

En effet, le syllogisme induit initialement la mention d'au moins deux arguments pour légitimer le raisonnement, d'un seul lorsqu'il s'agit d'un enthymème. Or, avec la télévision, cette figure classique que nous avons déjà évoquée prend une nouvelle signification, dont Roland Barthes[3] a d'ailleurs fourni une définition intéressante en présentant l'enthymème comme un « syllogisme rhétorique développé uniquement au niveau du public (comme on dit se mettre au niveau de quelqu'un) à partir du probable, c'est-à-dire de ce que le public pense ».

Il ne s'agit donc plus de développer une seule raison, mais de développer seulement celle du public. Or, lorsque le raisonnement s'appuie sur l'opinion – par définition subjective – publique et non sur la logique, le syllogisme, cette figure initialement rationnelle, devient un simple vecteur d'émotions communément ressenties et d'arguments

3. Roland Barthes, « L'ancienne rhétorique », in *Communications*, n° 16, 1970, p. 201.

considérés comme probables par le plus grand nombre.

Ce n'est d'ailleurs pas la seule conséquence de ce glissement du rationnel vers l'émotionnel, du vrai au vraisemblable. En effet, l'argumentation rhétorique ne fonctionne plus sur le principe déductif allant des prémisses (les arguments constitutifs d'un syllogisme) aux conclusions, comme le voudrait le schéma classique, mais sur celui de l'analogie. Or, comme le fait remarquer Perelman : « Personne n'a nié l'importance de l'analogie dans la conduite de l'intelligence. Toutefois, reconnue par tous comme un facteur essentiel d'invention, elle a été regardée avec méfiance dès que l'on voulait en faire un moyen de preuve[4]. »

Le raisonnement par analogie est le raisonnement par l'image : image physique de l'orateur, image verbale des mots qu'il prononce. L'analogie peut constituer une preuve, un exemple frappant, qui se mémorise facilement. Le discours repose sur des rapports associatifs entre des mots du discours et d'autres éléments qui ne sont pas exprimés mais suggérés à celui qui écoute et regarde. Si l'orateur dit « chemises brunes », le téléspectateur pense « fasciste » ; s'il dit « Moscou », le téléspectateur pense « communiste ». Il y a à la fois association et contagion des mots.

Un exemple récent de la contagion des mots nous a été offert par un présentateur du journal

4. Chaïm Perelman *et al.*, *op. cit.*, p. 500.

télévisé. Après avoir relevé qu'une ministre du nouveau gouvernement autrichien n'avait rien à se reprocher, le journaliste a pris soin d'ajouter : « Si. On peut toutefois relever qu'elle est née dans la même petite ville qu'Hitler ! » Les connotations péjoratives associées au nom d'Hitler contaminent la caractérisation de cette personne. Aucun terme péjoratif explicite n'est associé à la ministre autrichienne et, objectivement, le fait d'être née dans la même ville que ce dictateur n'implique pas qu'elle partage ses idées. Pourtant, la contagion agit, sournoise et efficace, dans l'esprit du téléspectateur.

Deux méthodes permettent donc à l'orateur d'atteindre la cible, de toucher l'auditoire. Soit il entraîne le destinataire du message dans un raisonnement qui prend du temps et qui développe des arguments dont le public devra être capable de comprendre le sens ; soit il impressionne le téléspectateur avec des « flashs », par une succession d'images qui s'imposent sans nécessiter aucune réflexion consciente.

La première méthode met en jeu dans l'esprit du téléspectateur des mécanismes rationnels qui vont conditionner son acceptation ou son rejet du message. La seconde implique en revanche une adhésion ou un refus spontané, irrationnel, qui relève d'un choix inconscient.

Or, pour persuader le téléspectateur, le rhéteur cathodique dispose de techniques, dont voici les plus importantes : la petite phrase qui émerge d'un discours vide de sens, la répétition et l'exagération, et enfin l'argument d'autorité.

2

Le contraste petite phrase/ discours creux

Au cœur du discours : la petite phrase

La recherche de la fameuse « petite phrase », celle qui émergera au milieu d'un tissu verbal ne contenant aucune information véritable, demande en général un travail long et délicat. Cela nécessite d'une part d'analyser la construction de la petite phrase, d'autre part d'apprendre à maîtriser l'art de parler pour ne rien dire.

Les petites phrases du type : « Vous n'avez pas le monopole du cœur », « Moi ou le chaos », fonctionnent à la manière du slogan, défini par Olivier Reboul[1] comme la « rhétorique du raccourci ». Après avoir rappelé que l'origine gaélique du mot, *sluagh-ghairn*, désigne le « cri de guerre d'un clan », l'auteur en donne la définition suivante : « J'appelle slogan

1. Olivier Reboul, *Le Slogan*, Complexe, 1975.

une formule concise et frappante, facilement répétable, polémique et le plus souvent anonyme, destinée à faire agir les masses, tant par son style que par l'élément d'autojustification, passionnelle ou rationnelle, qu'elle comporte. »

Pour être efficace, la petite phrase, comme le slogan, doit répondre à certains critères. Le premier, bien évidemment, est la brièveté. Elle est indispensable. Elle conditionne la possibilité de répétition, par la suite, d'un mot, d'un syntagme, quelquefois d'une phrase entière.

Le deuxième est le détournement de sens. L'utilisation détournée d'un terme facilite sa mémorisation : le téléspectateur, étonné par cet usage inhabituel, y accordera une attention particulière. Très souvent, la phrase est aussi composée de mots rares et précieux, ce qui renforce encore l'effet de surprise. C'est l'occasion de découvrir ou de redécouvrir ces mots, qui ont parfois un sens radicalement différent de celui qu'on a coutume de leur attribuer.

Ainsi, quand le général de Gaulle désigne les quatre généraux à l'origine des soulèvements d'Alger par le substantif « quarteron », qui signifie au sens propre le quart d'une mesure, il connote du sens figuré et péjoratif de ce terme (une poignée d'individus) les valeurs du sens propre liées au chiffre quatre. Cette réactivation du terme « quarteron » par la superposition du sens figuré au sens propre produit un effet intéressant : les sonorités évoquent le chiffre quatre (sens propre qui renvoie au nombre de généraux concernés), qui est contaminé par les connotations péjoratives (sens figuré) chargées d'exprimer le sentiment que ces hommes inspirent à l'orateur et que celui-ci souhaite transmettre au public. L'émotionnel (le mépris) l'emporte ici sur le rationnel, car aucun argument logique n'a besoin d'être énoncé pour persuader le téléspectateur que ces quatre généraux sont des quantités négligeables. C'est un transfert de sentiment, et non une déduction rationnelle, qui conditionne l'adhésion du public.

Une troisième caractéristique de la petite phrase est parfois la perturbation sémantico-grammaticale, c'est-à-dire la transformation simultanée de la nature grammaticale et du sens d'un mot. Ce mécanisme, dont l'ampleur est relativement récente [2], participe d'un relâchement de la langue dont nous connaissons tous, pour les avoir entendus si ce n'est pratiqués, quelques exemples représentatifs.

C'est le cas notamment du terme « pluriel ». À l'origine, ce substantif s'oppose au singulier pour désigner le nombre d'un mot. Il est aussi utilisé comme adjectif par les grammairiens dans des emplois plus spécialisés : une « terminaison *plurielle* », par exemple. Or il est aujourd'hui communément employé par les hommes politiques ou les journalistes en tant qu'adjectif (« pluriel » devient alors un substitut de « composite » ou « hétérogène »). Le recours à cette perturbation sémantico-grammaticale

2. Voir aussi Blanche Grunig, *Les Mots de la publicité*, Presses du CNRS, 1990.

permet de ne pas utiliser des adjectifs qui peuvent être interprétés, lorsqu'ils caractérisent des individus, comme l'expression d'un jugement péjoratif, voire d'une forme de ségrégation. C'est ainsi qu'une « majorité politique formée d'une pluralité de composantes » – ce qui serait sémantiquement et grammaticalement juste, mais politiquement incorrect et surtout trop long ! – est devenue une « majorité plurielle » et qu'on en vient à qualifier un nouveau député d'élu « pluriel ».

L'expression « rendez-vous citoyen » participe du même phénomène. Le substantif « citoyen » s'est transformé en adjectif pour remplacer le plus souvent l'adjectif « civique », aux connotations jugées trop moralisantes, semble-t-il, par l'opinion publique.

Le remplacement du substantif par l'adjectif est par ailleurs un phénomène fréquent. Or l'adjectif a un sens plus flou que le substantif. Prenons par exemple le cas de l'adjectif « parental » : lorsqu'on parle de l'« autorité parentale », rien ne permet de dire s'il s'agit de celle des deux parents, de celle du père ou de celle de la mère. Lorsqu'on utilise un substantif comme complément, on est en revanche obligé de préciser s'il s'agit de l'autorité *des parents*, de l'autorité *de la mère* ou de l'autorité *du père*. C'est pourquoi il est plus facile de détourner le sens d'un adjectif que celui d'un substantif, qui implique davantage de précisions. L'approximation, une fois de plus, s'est substituée à la rigueur dans la langue, permettant ainsi toutes sortes de manipulations du sens.

Enfin, pour être efficace, la petite phrase doit répondre à une attente, ce qui en restreint la portée dans la communication audiovisuelle. Une argumentation rationnelle peut, par son seul pouvoir de convaincre, captiver n'importe quel téléspectateur, puisque le raisonnement est justement censé faire évoluer la pensée de l'auditoire au fil du discours. Par contre, si la petite phrase ne rejoint pas des prédispositions, positives ou négatives, dans l'esprit de celui qui écoute, les chances de mémorisation, puis d'adhésion, sont faibles.

Dans le registre émotionnel, il faut viser juste, d'autant que la petite phrase n'apporte qu'une solution simpliste, de portée limitée. Il ne suffit pas qu'elle soit brillante, elle doit nécessairement flatter l'opinion publique, renforcer des idées communément partagées, voire des idées reçues. On retrouve ici des mécanismes de communication proches de ceux de la publicité. Sans un climat d'attente, spontané ou créé, l'opinion ne serait pas réceptive. C'est la raison pour laquelle de nombreuses petites phrases sont passées inaperçues.

Le moment doit être propice et l'orateur prendre soin de mettre la petite phrase en valeur dans le contexte du discours. Différents procédés peuvent être utilisés. Dans le texte que l'homme politique remet aux journalistes après l'émission, la petite phrase est souvent soulignée en rouge. Deux précautions valent mieux qu'une ! Mais cette petite phrase sera surtout mise en relief si elle contraste avec un discours sans information, presque vide de sens. Ce procédé s'apparente à ceux de la langue de bois. Les hommes politiques étant passés maîtres dans l'art de la pratiquer, il paraît utile d'en démonter les mécanismes.

Le discours vide de sens

« La langue de bois ne communique aucune pensée nouvelle et ne décrit rien », écrit Françoise Thom[3] dans un livre où elle analyse essentiellement la langue de bois dans le discours communiste et l'État totalitaire. Dans la pratique, les techniques décrites par cet auteur sont reprises, consciemment ou non, par la plupart des hommes politiques. La langue de bois n'est donc pas l'apanage de la dictature, même si elle en demeure un signe extérieur.

Alors que la petite phrase a pour objectif de plaire, la phrase vide de sens (fille de la langue de bois) a pour fonction de ne pas déplaire. Cette nuance est importante : la première a pour mission de se faire remarquer, de choquer et d'être mémorisée, quand la seconde doit au contraire passer totalement inaperçue. La phrase creuse requiert cependant autant d'efforts que la petite phrase. D'une part, le fait d'être un virtuose de la langue de bois ne dispense en aucun cas de savoir faire des petites phrases. En effet, seul un dosage habile de ces deux types de langage donne son originalité à la rhétorique audiovisuelle. D'autre part, l'art de parler pour ne rien dire, et plus exactement pour ne pas prendre le risque de déplaire, requiert une

3. Françoise Thom, *La Langue de bois*, Julliard, 1987, p. 7.

certaine habileté et une certaine connaissance des procédés stylistiques.

Dans le discours télévisuel, comme dans tout récit, les figures de style ont pour but de souligner une information, de reprendre une idée sous une forme plus originale, pour mieux exprimer la pensée. Mais ces procédés stylistiques peuvent aussi devenir indispensables lorsque le discours ne contient pas la moindre information et sert seulement de décor à la « petite phrase ». Dans les phrases ornementales, les figures de style masquent le vide du discours et le néant des idées. Parfois, lorsque l'orateur est un brillant rhéteur, le discours creux est si bien enrichi dans sa forme qu'il finit par revêtir l'apparence d'un discours rationnel et cohérent.

Un certain nombre de figures sont particulièrement propices à la création de ce genre d'illusions. C'est le cas notamment de la tautologie. D'autres, à l'origine porteuses de sens, sont vidées de leur signification et deviennent des discours creux. Cela peut être le cas de la métaphore, qu'on appelle alors « métaphore endormie ».

La tautologie « classique » ou le vide sémantique

La tautologie est *la* technique à laquelle ont recours tous les praticiens de la langue de bois. À l'origine, c'est une erreur langagière, un vice de logique, qui consiste à présenter comme ayant un sens particulier une proposition qui se limite à définir un terme sans apporter la moindre information qui ne soit déjà contenue dans l'énoncé de ce terme. Dans ce type de phrase, la démonstration ne dit rien de plus que la thèse : elle en est la répétition sous une autre forme.

La tautologie a deux fonctions : la plus classique consiste à évacuer le sens du discours ; l'autre, plus récente puisqu'elle a fait son apparition avec la télévision, permet à celui qui écoute d'y projeter un sens qui lui est propre.

La tautologie « classique », très prisée par les hommes politiques, peut prendre des formes variées ; les dérivés tautologiques sont nombreux.

La variété la plus amusante est la lapalissade, cette « affirmation dont l'évidence toute formelle prête à rire[4], dont le dictionnaire propose un exemple éloquent : « Quand la croissance augmente, les revenus augmentent. » La lapalissade n'apporte aucun supplément d'information, mais entraîne souvent une réaction de dérision qui en fait davantage un procédé humoristique qu'une figure adaptée au discours politique télévisé.

La redondance, tout aussi connue que la précédente, est une surabondance de mots exprimant le même sens qui alourdissent inutilement la caractérisation : « une atmosphère lourde et pesante ». Les hommes politiques n'hésitent pas à combler les vides sémantiques de leurs discours en multipliant les synonymes. On en trouve l'illustration dans la

4. *Le Petit Robert*, 1994.

campagne officielle radiotélévisée pour les élections européennes de 1999 : « La capacité pour des jeunes et des femmes de monter en politique, d'oxygéner la politique, de donner un autre ton, une autre écoute, de redynamiser l'action politique [...] » Ici, l'idée de départ – rajeunir la politique – est répétée sous cinq tours différents qui, il faut le reconnaître, même si l'orateur de ce discours a été pris en flagrant délit de redondance, apportent chacun une nuance.

Le pléonasme compte parmi les dérivés tautologiques les plus célèbres : « C'est une figure par laquelle on ajoute à l'expression de la pensée, pour en augmenter la clarté ou l'énergie, des mots inutiles pour l'intégrité grammaticale[5]. » Au célèbre exemple, cité par Fontanier : « Je l'ai vu de mes yeux, de mes propres yeux », on peut ajouter ces extraits de discours de Valéry Giscard d'Estaing : « Pour le dernier trimestre, les trois derniers mois », et de Charles de Gaulle : « Me voilà moi-même raffermi et plus fort. »

D'autres formes de tautologie, dont les noms nous sont moins familiers, apparaissent couramment, et parfois involontairement, dans les discours politiques. Nous en citerons deux : la pétition de principe et le truisme.

La pétition de principe consiste à confondre la chose à prouver avec l'argument qui lui servirait de

5. Pierre Fontanier, *op. cit.*, p. 299.

preuve. C'est le cas notamment dans cette phrase : « Le règlement est une mesure juridique, parce qu'une mesure juridique est une norme. » Clément Rosset signale cette faute de logique et en déplore la fréquence : « Elle est pourtant utilisée de la manière la plus courante et il existe autant d'hommes pour s'en recommander qu'il existe de fanatiques ou plus généralement d'hommes têtus[6]. »

Pour cet auteur, l'ambition du truisme « consiste à énoncer sur un mode emphatique, qui les rend ridicules, des banalités évidentes pour tout le monde », comme : « Les gens bêtes manquent d'esprit », ou : « Un homme courageux affronte plus volontiers que le lâche[7]. »

L'univers politique est rempli de phrases qui s'apparentent à la tautologie que nous avons appelée classique, pour la distinguer de son nouvel usage exclusivement cathodique. Pour s'en convaincre, il suffit de lire ou d'écouter les discours politiques en portant une attention particulière à cet aspect. Cette intervention de Lionel Jospin en offre une illustration :

« L'année 1998 ne sera pas celle d'un quelconque tournant, d'une inflexion, encore moins d'une pause ; mais pas plus celle d'une accélération ou d'un dérapage. 1998 sera le prolongement, l'approfondissement et l'amplification de 1997. Le travail du gouvernement est un travail que je veux

---

6. Clément Rosset, *Le Démon de la tautologie*, Minuit, 1997, p. 27.

7. *Ibid.*, p. 31.

puissant, c'est-à-dire continu, régulier et maîtrisé. Certes, l'actualité ou l'urgence de tel ou tel problème doivent être prises en compte [...] Il faut prendre en compte les surgissements de la réalité. Mais nous devons le faire sans oublier les données économiques, sans mettre en cause la cohérence de la politique conduite. L'autorité de l'État doit sortir raffermie, et même ressourcée, de ces difficultés. L'essentiel reste pour moi et, à mon sens, pour le pays la progression continue, degré par degré, du projet de société qui est porté par la politique du gouvernement. »

La tautologie « cathodique » ou l'art de remplir les creux

Si ces dérivés de la tautologie classique demeurent un palliatif censé masquer la pauvreté sémantique d'un discours, ce n'est pas le cas de toutes les formes de tautologie. En effet, la télévision – qui ne se limite pas, c'en est la preuve, à appauvrir la rhétorique – a donné naissance à une nouvelle forme de tautologie, que nous appellerons « cathodique ».

Les formules comme : « L'Europe, c'est l'Europe », « La France, c'est la France », « La jeunesse, c'est la jeunesse », sont les exemples les plus célèbres de tautologie cathodique. Ces syntagmes sont tout aussi vides de sens que ceux du truisme, de la pétition de principe, du pléonasme ou de la lapalissade. Rien, dans la forme, ne les distingue de leurs parents classiques.

Et pourtant ils ne fonctionnent pas sur le même principe, puisque ici le vide sémantique, qui n'était comblé que de manière illusoire par un procédé de redondance assimilable à du remplissage, est véritablement complété par du sens. En effet, dans ces formules creuses qui n'attendent que d'être remplies, le téléspectateur projette inévitablement sa propre interprétation. La tautologie cathodique s'appuie ainsi sur un facteur qui lui était initialement étranger : la participation du destinataire du message à la construction du contenu du message.

Cela résulte d'un phénomène que les linguistes ont clairement identifié : sous une apparence identique, les mêmes formes prennent des sens différents selon la place qu'elles occupent et leur entourage. En effet, en cas de répétition, c'est le second terme de l'énoncé qui donne sa valeur au premier en le dotant, éventuellement, de connotations dont il n'était pas porteur intrinsèquement : le premier est un vrai substantif ; le second, pris adjectivement, a une fonction d'attribut. À chacun alors d'affecter à cet attribut la valeur, positive ou négative, qui lui convient personnellement. Ce faux adjectif est ouvert à toutes les interprétations. C'est un avantage, mais aussi une source d'ambiguïté.

Ainsi, dans « L'Europe, c'est l'Europe », la tournure évite à l'orateur d'avoir à donner sa propre conception de l'Europe et lui permet d'établir un lien de connivence avec le téléspectateur, qui croira y voir la sienne. Mais viendra le moment où l'ambiguïté devra être levée, avec le risque de provoquer des réactions négatives chez un téléspectateur surpris et déçu.

La métaphore endormie... et autres images vidées de leur sens

De tout temps, l'image (métaphorique, métonymique, caricaturale, etc.) a servi le discours rhétorique. Dans le registre émotionnel, où il s'agit de *movere*, d'imposer une impression au public, et non de le convaincre par des arguments rationnels, elle occupe une place privilégiée. Elle est plus apte que tout autre procédé, quelles que soient les figures qui la soutiennent, à persuader le téléspectateur que le message véhiculé par le discours mérite son adhésion. L'image peut se passer d'arguments, puisqu'elle s'impose.

La télévision a cependant modifié le rapport à l'image, à la rhétorique de l'image et en particulier à la métaphore. Aristote avait pourtant pris soin de signaler que : « La clarté, l'agrément, la rareté sont surtout les qualités de la métaphore ; et le talent de la métaphore ne se peut emprunter d'autrui[8]. » Mais, comme le remarque Perelman : « À force de répétition, phénomène fréquent dans l'audiovisuel, la métaphore n'est plus perçue comme fusion, comme accolement de termes empruntés à des domaines différents, mais comme application d'un vocable à ce qu'il désigne normalement[9]. »

Le cliché ou « l'image morte est une expression parvenue à un point de lexicalisation tel qu'elle

8. Aristote, *op. cit.*, p. 210.
9. Chaïm Perelman *et al.*, *op. cit.*, p. 543.

cesse d'être reconnue et qu'elle est sentie comme un terme propre[10] ». Toute image usée, vidée de son sens et de sa force par un emploi trop courant, est donc vouée à une mort symbolique.

Michel-Antoine Burnier et Patrick Rambaud[11] ont admirablement démonté, non sans humour, le mécanisme du cliché. Leur analyse, initialement destinée aux journalistes, vaut aussi pour les hommes politiques. On y trouve d'ailleurs un relevé d'expressions toutes faites dont les politiciens sont les premiers à abuser : « bras de fer », « sous haute surveillance », « sans état d'âme »... auxquelles on pourrait ajouter : « jouer dans la cour des grands », « faire monter la pression », etc. Qu'on songe à des métaphores comme : « Le ministre doit revoir sa copie ! » À force de répétition, l'allusion au mauvais élève qui doit refaire son devoir disparaît, et le mauvais ministre doit simplement remanier son projet. Les nuances et subtilités qui animaient la métaphore ont disparu pour laisser place à une expression stéréotypée et fade, « endormie ».

Quand on ne veut pas nommer quelqu'un ou quelque chose dont on est cependant obligé de parler, la métonymie se révèle très utile, surtout lorsqu'elle est lexicalisée, puisque l'orateur est alors

10. Françoise Moreau, *L'Image littéraire*, Société d'édition d'enseignement supérieur, 1982, p. 91.

11. Michel-Antoine Burnier, Patrick Rambaud, *Le Journalisme sans peine*, Plon, 1997.

assuré que les téléspectateurs comprendront immédiatement de qui ou de quoi il parle.

C'est le cas quand un homme politique, qui généralement n'est pas au pouvoir, parle de « Matignon » pour désigner le Premier ministre, son entourage et son administration ou de « l'Élysée » pour ne pas citer le président de la République. Il arrive même que les décisions soient prises « au plus haut niveau », et l'État disparaît ! Ce procédé renforce l'ambiguïté : le téléspectateur sait qu'une décision grave a été prise par les responsables de l'État, mais le doute demeure quant à son auteur précis. Ce trouble peut être aggravé quand la métonymie est connotée positivement ou négativement. Pour parler du pouvoir ou de l'Église, on peut soit dire le trône et l'autel, et la métonymie est valorisante, soit évoquer le sabre et le goupillon, et la métonymie est alors dépréciative.

De même, la métalepse, par laquelle on fait « entendre une chose par une autre qui la précède, la suit ou l'accompagne [12] », peut permettre de ne pas nommer ce dont on parle. Pour illustrer ce principe, nous avons indiqué en italique dans deux fragments de discours prononcés par des hommes politiques les mots sur lesquels la métalepse portait.

Le premier est de Jacques Chirac : « Il y a une hypothèse que nous ne pouvons exclure et qui pourrait nous faire regretter d'avoir oublié notre vigilance : au cas où l'*expérience* échouerait, ce

---

12. *Gradus, op. cit.*, p. 284.

qu'à Dieu ne plaise, le *système antérieur* pourrait très bien se mettre en place et être tenté de chercher *à l'extérieur* une compensation à ses *difficultés internes.* » Le sujet du discours, l'« expérience » dont parle le président de la République, n'est défini que par rapport au syntagme « système antérieur », ce qui fournit au téléspectateur quelques indices qui lui permettront de décrypter le contenu de ce message. De même, on apprend que le « système antérieur » a des « difficultés internes » qui ne sont définies que par le fait qu'elles puissent trouver une solution « à l'extérieur ».

Le second est de Lionel Jospin : « Nous avons du temps derrière nous, nous avons un peu de durée devant nous. C'est pourquoi j'ai dit qu'il fallait s'engager dans une *deuxième étape*, parce qu'il me semble qu'il y en a eu une *première.* » Ici, la « deuxième étape » ne se définit que par l'existence d'une « première » étape. On ne sait rien ni de l'une ni de l'autre, qui ne sont pas caractérisées, mais l'injonction « j'ai dit qu'il fallait s'engager » persuade le téléspectateur de préférer la deuxième à la première, pour des raisons qu'il ignore puisque aucun argument n'a été avancé en faveur ou au détriment de chacune de ces étapes.

Un autre procédé censé entraîner le ralliement du téléspectateur est encore une forme de métalepse : l'orateur, de narrateur, devient acteur ; l'homme politique, après avoir décrit une situation, s'y représente en action. Là encore le contexte est loin d'être rationnel, car la crédibilité de l'acteur vient renforcer celle du narrateur. On en trouve un exemple dans la campagne officielle radiotélévisée pour les élections européennes de 1999 : « C'est le mot liberté qui a emporté ma décision. Médecin homéopathe, je veux défendre avec vous la liberté d'accès à toutes les médecines. »

D'une manière plus générale, les mots abstraits atténuent et parfois suppriment toute signification dans le développement du discours. Les exemples sont nombreux, des « restructurations » au « redéploiement », en passant par l'« élargissement », la « synergie », etc.

Françoise Thom[13] note aussi que l'on retrouve la métalepse dans les syntagmes nominaux. L'utilisation de la forme nominale désamorce la possibilité de discussion : « la justesse de mes thèses » prête moins à discussion que l'affirmation « mes thèses sont justes », qui peut immédiatement entraîner la négation. La nominalisation réduit le raisonnement et facilite la persuasion : on assène et on demande d'admettre sans réfléchir ! Il faut cependant faire une distinction entre la langue de bois instrument de propagande et la langue de bois qui consiste à parler pour ne rien dire.

En voici un exemple tiré d'une pièce humoristique de Joël Dragutin, *Le Chant des signes* : « Je compte d'ailleurs mettre en place, avec votre soutien, dans un délai relativement proche, afin de donner plus de force à nos interventions, une

13. Françoise Thom, *op. cit.*, p. 83.

grande consultation sur l'organisation des diverses tables rondes envisagées sur ce sujet, qui regrouperaient, tout d'abord dans le cadre d'un séminaire, puis dans un second temps, élargir à un symposium national (dont le thème pourrait être « Pouvoirs, démocratie, communication »), les différents acteurs sociaux, intervenants, leaders d'opinion qui, chacun à son niveau et selon ses moyens, prendront part à ce combat, je dis bien combat, pour cette nouvelle citoyenneté. »

Ce type de discours se retrouve hélas très souvent dans la réalité ! C'est certainement la dernière issue, lorsque le rhéteur n'a rien à dire et qu'il cherche vainement à meubler le vide de sa pensée.

3

L'AMPLIFICATION : RÉPÉTITION ET EXAGÉRATION

Le petit écran crée un effet de loupe

Pour persuader le téléspectateur sans faire appel au raisonnement, l'orateur doit utiliser tous les moyens lui permettant de marquer l'esprit du public de façon durable. Le discours télévisé doit mettre en relief l'idée principale. C'est à ce principe qu'obéit le couple petite phrase/discours creux. Un autre couple indispensable à la rhétorique émotionnelle permet de cristalliser le discours et l'attention du public sur l'essentiel du message : c'est celui formé par la répétition et l'exagération.

La répétition est certainement la méthode la plus efficace pour *movere*, laisser une impression. Comme elle agit sur la mémorisation, le plus souvent involontaire, d'un terme, il suffit que ce terme exprime l'essentiel du discours pour que l'orateur soit assuré du résultat.

La répétition consiste, au sens strict, à employer plusieurs fois les mêmes termes. Mais cette figure possède de multiples variantes : sonores (répétition des mêmes sons, comme dans l'allitération par exemple), grammaticales (répétition du même lexème, de la même famille de mots), syntaxiques (répétition de la même construction grammaticale) ou sémantiques (répétition du même thème, sous des tours différents, par l'emploi de synonymes), etc. C'est le principe même du refrain : la répétition d'une même phrase facilite sa mémorisation. Le plus sûr moyen de graver un message dans l'esprit de l'auditoire, c'est donc d'en faire un élément quasi obsessionnel, afin que le téléspectateur ne voie et n'entende plus que cela.

La télévision agit ainsi comme une loupe sur le discours : l'attention du téléspectateur est dirigée sur un élément précis, apparemment au détriment de l'ensemble, mais paradoxalement pour garantir qu'il restera quelque chose de cet ensemble dans sa mémoire.

C'est aussi sur l'effet de loupe que s'appuie l'exagération, qui va de pair avec la répétition. Les deux figures sont complémentaires, non seulement parce que la répétition est un procédé d'exagération qui agit sur l'espace (exagérément) occupé par un terme, mais parce que l'exagération est une forme de répétition fondée sur une démultiplication du sens contenu dans un terme.

Dans tous les cas, qu'on se serve de l'exagération ou de la répétition, il s'agit d'amplifier un élément du discours pour faire « passer le tube » au discours tout entier.

La répétition

La répétition est le moyen le plus sûr de faire passer le message dans la mémoire des téléspectateurs. Elle prend en audiovisuel des formes variées, mais il y a le plus souvent isolexisme, c'est-à-dire, dans les limites d'une même phrase, un « retour, mais dans des conditions différentes, d'un lexème déjà énoncé[1] ». Un nombre assez important de figures de style mettent en jeu la répétition[2], mais nous ne citerons que les plus adaptées au média télévisuel.

L'épistrophe consiste à placer le même mot à la fin de plusieurs phrases ou de plusieurs membres de phrase à l'intérieur d'une même phrase, comme c'est le cas dans ce fragment de discours prononcé par Jacques Chirac : « L'espoir de la France, c'est sa jeunesse ; l'avenir de la France, c'est sa jeunesse. »

L'anaphore est la répétition du même mot en tête de phrases ou de membres de phrase : « Le changement, mais oui j'y pensais ; le changement : les libertés publiques ; le changement : les libertés ; le changement : les femmes. »

La polysyndète consiste à répéter une conjonction plus souvent que l'usage ne le fait généralement. Dans cet exemple tiré d'un discours de Valéry Giscard d'Estaing, la conjonction « ni » est volontairement répétée à outrance pour créer un

---

1. *Gradus, op. cit.*
2. Voir aussi le mémoire de Frédérique Berthelot, *Techniques de persuasion et procédés rhétoriques dans le discours contemporain*, 1981.

effet de refrain qui souligne la multiplicité des raisons : « L'inflation, vous le savez, n'est acceptable ni pour la France, ni pour les Français, ni pour les consommateurs, ni pour les entreprises. »

La polyptote est un isolexisme morphologique et syntaxique par lequel est repris un mot déjà utilisé dans la phrase. En voici deux exemples, l'un prononcé par Charles de Gaulle : « Nous ferons en 1961 ce que nous avons à faire », l'autre par Georges Marchais : « Je viens de l'affirmer, nous répondons par l'affirmative. » La polyptote s'exerce en général sur un verbe (ici les verbes « faire » et « affirmer ») qui, par nature, est propre à accentuer le caractère dynamique d'une action.

La réitération est l'emploi des mêmes termes plusieurs fois dans le même texte. Dans un des discours de Valéry Giscard d'Estaing, dont nous n'avons reproduit que les passages concernés par cette figure, le même syntagme était répété au moins trois fois : « Ce dispositif de lutte contre l'inflation [...] la nécessité de lutte contre l'inflation [...] dans cette lutte contre l'inflation [...]. » Grâce à ce procédé, le message primordial du discours et l'objectif du programme ne courent aucun risque d'échapper aux téléspectateurs.

La diaphore est la répétition d'un mot déjà employé, mais dont le sens est légèrement changé par une nuance : « Rarement les révolutionnaires ont été révolutionnaires. »

Le climax consiste à reprendre, au début de la deuxième phrase, le dernier mot de la première phrase, comme dans cet exemple tiré d'un discours de Jacques Chirac : « L'espoir de la France, c'est sa jeunesse. Mais la jeunesse ne forme pas un monde isolé. » Ou dans cet extrait d'un discours du Parti socialiste lors de la campagne électorale européenne de 1999 : « [...] une jeune fille qui, après dix ans d'études, doute de son avenir. Et c'est l'avenir de la France. »

La réduplication diffère de la simple répétition en ce que le même mot est employé deux fois de suite dans une même phrase, ce qui souligne son importance par une gradation, comme l'attestent cette affirmation de Valéry Giscard d'Estaing : « Il faut agir et agir énergiquement », et cette phrase de Georges Marchais : « Nous avons la volonté d'aboutir et d'aboutir vite. »

L'épanadiplose produit un effet de soulignement parce que, dans deux propositions, l'une commence et l'autre finit par le même mot : « La lutte contre l'inflation, je voudrais [...] vous comprenez la nécessité de la lutte contre l'inflation » (Valéry Giscard d'Estaing).

Dans la symploque, deux phrases qui se suivent commencent et finissent par le même mot : « L'esprit d'un peuple s'entretient à travers sa jeunesse. L'esprit de la France, c'est sa jeunesse. »

L'antimétabole est la reprise en sens inverse des mêmes mots dans deux phrases qui se suivent, comme dans cet extrait d'un discours de Charles de Gaulle : « L'Algérie a besoin de la communauté française ; la France, pour son œuvre, a besoin d'elle en Algérie. »

La régression consiste à reprendre pour l'expliquer un mot que l'on vient de prononcer. Dans cet exemple, Georges Marchais avait utilisé ce procédé pour définir les couleurs proprement communistes du socialisme : « Un socialisme à nos couleurs, comme nous disons, un socialisme correspondant aux besoins et aux aspirations de notre peuple et de notre pays. »

La synonymie, qui consiste à dire la même chose mais avec des mots différents, est une figure de répétition sémantique dont certains politiciens ne se privent pas, comme dans cet extrait d'un discours de Georges Marchais : « Il existe des différences, des divergences, entre nos deux partis. »

L'exagération : hyperbole ou métaphore

La répétition est l'un des deux points d'appui de la persuasion. L'autre est l'exagération : un événement, une idée, une personne, ne sont pas présentés tels qu'ils sont, mais avec des caractères exagérés en plus ou en moins, en bien ou en mal. C'est le travers propre aux médias audiovisuels, le moyen le plus classique, dans le discours politique, de frapper l'imagination et favoriser la mémorisation.

L'homme politique l'utilise pour magnifier son action ou dévaloriser son adversaire. Rares sont ceux qui parlent de leur programme sans le présenter comme supérieur à celui de leurs concurrents, auxquels ils ne manquent d'ailleurs presque jamais d'attribuer des défauts excessifs. L'hyperbole et l'analogie sont les deux principales figures d'exagération rencontrées dans le paysage audiovisuel. L'une permet d'exagérer et l'autre de déformer une réalité. L'une et l'autre agissent comme des miroirs grossissants ou déformants.

L'hyperbole est une manière exagérée de s'exprimer. Elle peut amplifier ou atténuer, selon les besoins. Elle fait image et impressionne. Son rôle est de frapper l'esprit. Aristote, pour illustrer les hyperboles, prenait l'exemple de l'œil poché : « On l'eût pris pour un panier de mûres[3]. » La contusion de l'œil est en effet quelque chose de rouge ; l'exagération réside ici dans la quantité. Comme le montre cet exemple, l'hyperbole est un formidable levier pour l'humour et le renouvellement des discours.

Le potentiel représenté par l'hyperbole en termes de dynamisme et de fantaisie n'avait d'ailleurs pas échappé à La Bruyère : « Les esprits justes et qui aiment faire des images qui soient précises donnent naturellement dans la comparaison et la métaphore. Les esprits vifs et qu'une vaste imagination emporte hors des règles et de la jeunesse ne peuvent s'assouvir de l'hyperbole. »

Les discours politiques à caractère hyperbolique sont innombrables, surtout lors des campagnes électorales. Parmi les hommes politiques du XXe siècle, il faut pourtant distinguer Charles de Gaulle. Non seulement il fut l'un des premiers chefs d'État cathodiques – et il sert encore de modèle en matière de communication politique –, mais il fut certainement le créateur d'images le plus prolixe et le plus

3. Aristote, *op. cit.*, p. 240.

inventif, comme l'atteste cet extrait d'un de ses discours, dont nous avons indiqué en italique les termes hyperboliques :

« Si nous laissons le *tracassin*, le tumulte, l'*incohérence* revenir, ceux qui s'opposent à la force de frappe sont les mêmes catégories d'*attardés* et d'*écervelés* qui s'opposaient à l'*artillerie lourde*, aux *corps cuirassés*, à l'*aviation*. Pendant la campagne présidentielle, le temps des concessions est terminé : les partis reviennent aux jeux qui font leurs *délices*, ils servent deux grands courants d'opinion et ont conservé les *aigreurs* et *invectives* de ceux qui trouvent leur *délectation* dans la décadence française. »

Il semble inutile de s'appesantir sur les effets produits par ces caractérisations hyperboliques, ni d'expliquer pourquoi Charles de Gaulle, dans le même discours, prend soin de désigner le principal candidat de l'opposition par « ce personnage ». Plus récemment, dans la campagne officielle télévisée des législatives de 1997, on parle d'« économies taillées à la hache » pour dénigrer la compétence des partis qui les proposent. D'autres dénoncent les « combinaisons fallacieuses » et les « appétits rivaux » de leurs adversaires.

L'hyperbole se traduit aussi par l'ajout de préfixes (hyper, super, extra, maxi... sans compter les tournures au superlatif) ou de suffixes qui marquent l'exagération. Lorsque, comme le suffixe « issime », ces marques d'excès sont accolées à un terme qui comporte déjà une valeur hyperbolique, cela donne des expressions qui frisent le ridicule :

« génialissime », « sublimissime », etc. De nombreux adjectifs – tels que « génial » ou « extrême » – ont d'ailleurs perdu de leur intensité. Un usage intempestif a en effet contribué à affaiblir leur sens.

L'analogie, comme nous l'avons vu, peut parfois devenir un moyen de preuve dans le cadre d'un raisonnement logique. Mais elle est avant tout un mode d'amplification extraordinaire. Pour constituer un argument persuasif, l'analogie doit servir de miroir grossissant, assez du moins pour que l'élément de comparaison soit mis en valeur.

Les deux formes consacrées de l'analogie sont la comparaison et la métaphore. Ces deux figures sont constituées d'un comparé (le sujet que l'on désire définir) et d'un comparant (le sujet auquel on compare celui dont on parle), qui doivent avoir au moins une caractéristique commune (sur laquelle se fonde la comparaison ou la métaphore), ce qui n'exclut pas qu'ils possèdent par ailleurs de nombreuses spécificités qui les distinguent ou les opposent.

Le choix du thème de la comparaison permet de mettre l'accent sur un aspect particulier du sujet, qui lui servira de définition. Ce mode de description analogique procède donc de l'amplification : il ne s'agit pas de décrire une chose dans son ensemble, mais par une seule de ses caractéristiques, laquelle devra en plus être exagérée par le comparant pour que l'analogie soit efficace en plus d'être pertinente. Le choix du thème de l'analogie peut s'exprimer de deux manières, par exagération ou par similitude, selon que le thème apparaît dans le comparant de façon exagérée par rapport au comparé ou qu'il est le seul point commun entre le comparant et le comparé.

Admettons que le sujet dont on parle est un homme, M. Dupont, et qu'on veuille le définir à travers une caractéristique particulière : la beauté. On peut certes dire : « M. Dupont est beau. » L'information est alors égale à son expression, il n'y a pas de figure de style à proprement parler. C'est le degré zéro de la connotation... et de la persuasion, car aucun effet marquant n'est produit par cette phrase. Mais on peut aussi choisir de le définir par analogie : il faut alors choisir entre la comparaison et la métaphore.

Prenons le cas de la comparaison, plus facile d'accès que la métaphore grâce à la présence du comparant « comme » permettant de concrétiser le thème de la comparaison (la beauté), pas nécessairement explicite dans le cadre de la métaphore et qu'il faut alors deviner. Si l'on souhaite figurer sa beauté par exagération, on choisira par exemple de dire : « M. Dupont est beau comme un dieu. » Dans la mesure où il est communément admis que les dieux sont parfaits, ils sont infiniment « plus » beaux que les mortels, et c'est uniquement ce « plus », dans tous les domaines, qui les distingue des hommes dont ils seraient sinon les égaux. Mais, si l'on désire figurer la beauté par similitude, on dira par exemple : « M. Dupont est beau comme un camion », la beauté étant le seul élément qui peut être commun aux humains et aux camions. Ici, ce qui est extraordinaire, ce n'est pas le degré extrême (comme dans le cas des dieux), mais la similitude (les camions n'ayant par nature presque rien de commun avec les êtres humains). L'analogie par similitude, comparative ou métaphorique, exige donc un décalage qualitatif (de nature), tandis que l'analogie par exagération repose sur un décalage quantitatif (en plus ou en moins).

La métaphore est plus frappante encore que la comparaison, puisque le sujet de la comparaison et le comparant disparaissent. Quand Homère dit d'Achille : « Il s'élança comme un lion », cela reste une comparaison ; quand il dit : « Le lion s'élança », c'est une métaphore. Comme tout le monde sait que fauve et héros sont courageux, le poète a pu se permettre cette métaphore. Mais si, au lieu de : « M. Dupont est *beau comme* un dieu », on dit : « M. Dupont est un dieu », le téléspectateur a peu de chances de comprendre qu'on parle de sa beauté, les dieux n'étant pas seulement plus beaux, mais aussi plus intelligents, plus forts, etc. que les humains. Puisqu'une véritable identification s'opère dans la métaphore, mieux vaut s'assurer de la clarté du thème.

Quintilien disait ainsi que la métaphore est une comparaison abrégée. Mais l'une des meilleures définitions est sans doute celle de Dumarsais, qui disait de la métaphore : « C'est une figure par laquelle on transporte pour ainsi dire la signification propre d'un nom à un autre, signification qui ne lui convient qu'en vertu d'une comparaison qui est dans l'esprit. »

Si, pour l'orateur, la liberté de choisir le thème n'est restreinte que par la pertinence de sa métaphore, le discours politique possède néanmoins plusieurs thèmes de prédilection, propres à identifier les sujets qui le caractérisent. Ainsi, l'État est souvent comparé à une machine, avec ses fonctions et ses dysfonctionnements, ses rouages, ses engrenages, ses postes à pourvoir, etc. Le discours politique emprunte aussi ses images à l'organisme humain : cœur du pouvoir, tête du parti, bras droit du chef, poumon de la nation, etc. ; à la compétition sportive : marquer des points, atteindre des cibles, monter au filet, être un battant, relever des défis, battre des records, etc. ; à la guerre : gagner une bataille, conquérir des territoires, monter au créneau, se porter à l'attaque, triompher de l'adversaire, partir en déroute, brûler ses cartouches, torpiller des efforts, etc. ; et même à la religion : croyances, divinités, prophètes, gourous, miracles, grand-messe, etc.

Si, comme nous l'avons vu dans le chapitre consacré au registre rationnel, la métaphore peut s'insérer dans une démonstration censée convaincre le téléspectateur par le moyen de la raison lorsqu'elle est « pédagogique », cette figure est un mode d'expression privilégié du registre émotionnel.

Elle n'a donc pas pour objectif de convaincre en renforçant le raisonnement, mais d'émouvoir, de toucher le public. Encore une fois, les allocutions radiotélévisées de Charles de Gaulle nous en offrent une brillante démonstration :

« Si la France revenait à un pouvoir faible et instable, elle ne serait plus qu'un *jouet disloqué* sur l'*océan* des *aventures*. On peut regretter la *douceur des lampes à huile*, la *splendeur de la marine à voiles*, le *charme du temps des équipages.* »

« Quel *prurit* agiterait les *clans du doute, de la hargne et du dénigrement* ! »

« L'Empire soviétique ne cesse pas de manier des *torches incendiaires* tout en lançant pour la montre des *vols de colombes épouvantées.* »

Ces trois fragments de discours n'apportent aucune information qui soit prouvée par un raisonnement. Leur force de persuasion repose sur des sentiments censés sommeiller dans l'âme du téléspectateur et que l'orateur compte éveiller pour provoquer en lui une réaction violente.

Mais l'art de créer des métaphores « heureuses » n'est pas donné à tout le monde, comme le prouve cet exemple maladroit extrait d'un discours des Nouveaux Écologistes lors de la campagne officielle de 1997 : « Ces législatives 1997 me permettent de rendre un hommage à ceux qui ont été les pionniers, ceux qui ont été la locomotive de la protection animale. »

Quand on ajoute à l'abus la maladresse, force est de constater que les procédés rhétoriques mériteraient d'être mieux traités, et maîtrisés, par les orateurs cathodiques. Mais, lorsque tous les moyens ont été utilisés pour persuader et émouvoir les téléspectateurs, il reste encore un dernier recours : l'argument d'autorité.

4

L'ARGUMENT D'AUTORITÉ

Quand l'image de l'orateur suffit à persuader le public

L'argument d'autorité est certainement, parmi les figures de style, celle qui s'est le mieux adaptée à la télévision. Comme toutes les variantes qui en découlent, ce procédé rhétorique repose essentiellement sur la force de persuasion inhérente à l'orateur qui l'utilise. Comme son nom l'indique, il ne laisse aucune place à la critique ou à la discussion.

Il était déjà de pratique courante dans la rhétorique théologique du Moyen Âge... et de l'Inquisition. Utiliser un argument d'autorité, c'est rompre l'enchaînement d'un raisonnement logique par une affirmation dont la valeur dépend du statut de celui qui parle. Il est évident que l'argument d'autorité a d'autant plus de force qu'il intervient dans un rapport de subordination entre orateur et auditeur [1].

---

1. Maurice Sachot, « L'argument d'autorité dans l'enseignement théologique au Moyen Âge : les grandes étapes d'une

C'est le même mécanisme qui fonctionne dans l'audiovisuel, à la seule différence que la crédibilité a remplacé l'autorité. Le caractère démagogique d'un tel changement n'a pas besoin d'être démontré : tant que le téléspectateur n'a pas le *sentiment* d'obéir à des ordres, il se *croit* libre. Aussi est-il prudent de le soumettre à une autorité qui repose sur la crédibilité plutôt que sur la force.

Dans l'argument d'autorité, ce qui compte avant tout, c'est le statut de celui qui parle. Or l'orateur cathodique bénéficie presque toujours d'une aura bien supérieure à son statut réel, car la télévision possède un pouvoir qu'aucun autre média ne peut égaler : celui de transformer n'importe qui en star et n'importe quoi en événement.

Le tube cathodique a remplacé la baguette magique de la fée, mais nous sommes toujours dans le domaine du merveilleux, propice à l'adhésion. La célébrité confère *a priori* – légitimement ou non – un caractère inaccessible et prestigieux aux personnages médiatiques. Ce type d'orateur a donc la faculté de persuader le public par des affirmations péremptoires difficilement contestables. Ces affirmations se retrouveront, à la fin d'une argumentation floue et peu structurée, dans des phrases du type : «Je vous le dis» ou «Je vous l'affirme», auxquelles il n'y a rien à ajouter. Le statut de celui qui parle à la télévision et la crédibilité qu'on lui

---

évolution (XIe-XIIIe)», in *Cahiers du séminaire de philosophie*, n° 10, Presses universitaires de Strasbourg, 1991.

accorde, quoi qu'il dise, l'emportent donc sur le contenu du discours.

L'appel à l'évidence

Une autre variante de l'argument d'autorité est l'appel à l'évidence. La formule est simple, courte et affirmative : « C'est clair », « C'est évident », « C'est simple », etc. En général, plus le développement est complexe ou ambigu, plus la phrase a de chances de se terminer par un retentissant : « C'est clair ! » L'appel à l'évidence peut permettre de faire l'économie d'une explication qui nécessiterait du temps, de la réflexion... et de la clarté. Parfois, la situation se veut tellement « claire » qu'aucune solution n'est même proposée par l'orateur : « Il est clair aujourd'hui que si l'on ne fait pas quelque chose [2] [...]. »

Dans la discussion interpersonnelle, il sera toujours possible de se rebeller en répondant non. Mais, à la télévision, le « C'est clair » résonne comme l'injonction d'une personne dont la crédibilité est importante, ce qui a pour effet de supprimer toute possibilité de contestation, même intériorisée, de la part des téléspectateurs. Tout au plus, après les développements complexes et le « C'est clair », le téléspectateur peut-il tenter de projeter sa propre interprétation. Mais cette hypothèse est rare. Bien

2. Campagne officielle pour les élections européennes de 1999.

que le téléspectateur n'ait peut-être rien compris, il sera tenté d'accorder du crédit à l'orateur, puisque ce dernier a décrété que c'était clair.

Le rhéteur cathodique ayant pour objectif de prendre la parole pour conquérir l'adhésion du public sans prendre le moindre risque de déplaire – le plus sûr étant encore de ne délivrer aucune information spécifique –, il sort presque toujours victorieux de cette épreuve.

Conclusion

De la démocratie-vérité à la démocratie de l'à-peu-près

En conclusion, la rhétorique audiovisuelle s'exprime principalement à travers le registre émotionnel, au détriment de la rationalité que mettait en œuvre la rhétorique interpersonnelle, dite classique. Et cela même dans le domaine politique, qui se prête pourtant davantage, compte tenu des enjeux relatifs à la gestion de la cité, au discours rationnel et à la réflexion qu'au langage de l'âme et des émotions.

La règle numéro un, dans la rhétorique persuasive, consiste donc à s'appuyer sur la crédibilité de celui qui parle plus encore que sur le contenu du discours. Certes, la conjugaison des deux est un gage de réussite mais, s'il faut faire un choix, celui de l'aura se révèle plus payant que celui de la pensée.

La règle numéro deux, c'est que l'argumentaire émotionnel repose sur le vraisemblable. Au stade de la croyance, rien ne peut être accepté s'il n'y a pas une attente préalable de celui qui écoute et qui se verra comblé par le discours qu'il attendait.

Ces deux constats ont des répercussions importantes sur le plan éthique car, si la rhétorique rationnelle conduit vers la vérité, la rhétorique émotionnelle ne s'appuie *que* sur le vraisemblable. L'avantage, c'est qu'il est plus facile de faire croire que de faire admettre. L'inconvénient, c'est que la politique glisse alors dangereusement vers la démagogie.

Toujours est-il que le vraisemblable a pris une part importante dans la rhétorique politique, surtout dans les campagnes électorales. On est plus facilement élu avec du vraisemblable qu'avec la vérité. Mais l'éventuel décalage qui distingue ces deux notions ne peut manquer d'apparaître, un jour ou l'autre, au cours de l'exercice du pouvoir. Et, plus le décalage sera profond, plus les perturbations dans le fonctionnement du jeu démocratique seront grandes.

La question reste de définir quand, comment et si la rhétorique télévisuelle pourra finalement réconcilier le raisonnement et l'émotion, la volonté de faire croire et celle de faire comprendre.

Fondée sur la recherche de la vérité, la démocratie athénienne privilégiait le logos par rapport au pathos. Le raisonnement déductif concourait à la recherche de la vérité et à l'élaboration d'une relation durable entre les gouvernants et les gouvernés. Le nombre réduit de ces derniers était l'élément déterminant du fonctionnement cohérent de la démocratie, et la rhétorique constituait la courroie de transmission de ce régime.

Aujourd'hui, « qu'est-ce donc que la vérité ? Une multitude mouvante de métaphores, de métonymies, d'anthropomorphismes, bref, une somme de relations humaines qui ont été rehaussées, transportées et ornées par la poésie et la rhétorique et qui, après un long usage, paraissent établies, canoniques et contraignantes aux yeux du peuple : les vérités sont des illusions dont on a oublié qu'elles le sont, des métaphores usées qui ont perdu leur force sensible, des pièces de monnaie qui ont perdu leur effigie [1]. »

En effet, le pathos produit un raisonnement par analogie qui débouche sur l'approximation et la démocratie cathodique repose sur le vraisemblable, car le public de la télévision – vaste, varié et anonyme – est plus enclin à croire qu'à comprendre. Comme le disait Paul Valéry : « L'à-peu-près contente aisément notre époque. »

De ce fait, la relation entre gouvernants et gouvernés est éphémère, et la rhétorique télévisuelle telle qu'on la conçoit aujourd'hui ne peut que précipiter ce mouvement. Or une démocratie de l'approximatif, de la croyance et de l'instant est une démocratie fragile.

---

1. Friedrich Nietzsche, *Vérité et mensonge au sens extra-moral*, Gallimard, 1975, cité par A. Compagnon dans *Histoire de la rhétorique dans l'Europe moderne*, PUF, 1999, p. 1264.

Cependant, cet échec relatif n'est pas une fatalité. Une meilleure connaissance de la rhétorique audiovisuelle permettrait sans doute de raviver les réactions de ceux qui la subissent et de limiter les abus de ceux qui l'utilisent, en bref de transformer la télévision en instrument authentique de communication. De plus, l'apparition d'une télévision individuelle, câblée, par satellite, numérique, multimédia, à la carte, restaurera probablement un jour un lien direct et personnel entre celui qui parle et celui qui reçoit le message. Ainsi serait rétablie une nouvelle communication interpersonnelle transitant par les médias.

Demain peut-être...

Annexe

STRUCTURE DU PUBLIC

SEXE	TF1 matin	TF1 13 h	TF1 20 h	TF1 nuit
Hommes	50.8	43.2	44.7	58.3
Femmes	49.2	56.8	55.3	41.8
ÂGE	**TF1 matin**	**TF1 13 h**	**TF1 20 h**	**TF1 nuit**
4 - 10 ans	1.3	3.3	5.2	1.0
11 - 14 ans	2.0	2.0	2.9	1.1
15 - 24 ans	7.1	4.9	5.7	10.7
25 - 34 ans	16.2	9.7	10.5	25.4
35 - 49 ans	32.9	19.9	21.2	35.4
50 - 59 ans	16.3	14.3	15.3	12.0
60 - 64 ans	7.6	10.3	8.3	3.7
65 - 74 ans	14.1	23.3	19.3	6.2
75 ans et +	2.5	12.3	11.7	4.5
CSP (sur les individus de 15 ans et +)	**TF1 matin**	**TF1 13 h**	**TF1 20 h**	**TF1 nuit**
Actifs CSP +	15.0	10.6	13.5	24.5
Actifs CSP -	38.9	24.8	26.1	38.9
Total Actifs	53.9	35.4	39.6	63.4
Inactifs	46.1	64.6	60.3	36.5
Agriculteurs	4.0	2.9	1.2	0.8
Artisans - Commerçants	2.7	3.2	2.2	4.8
Chefs d'entr. - Prof. libérales - Cadres sup.	5.5	2.0	3.7	9.8
Professions intermédiaires	6.8	5.4	7.6	9.9
Employés	14.6	11.8	12.8	17.2
Ouvriers qualifiés	14.5	7.1	9.0	16.9
Ouvriers non qualifiés	5.8	3.0	3.1	4.0
Retraités	18.4	41.1	35.5	14.1
Étudiants	9.0	8.4	12.2	9.7
Autres inactifs	18.7	15.1	12.6	12.7
HABITAT	**TF1 matin**	**TF1 13 h**	**TF1 20 h**	**TF1 nuit**
Individuel	59.0	72.9	69.0	53.5
Collectif	41.0	27.1	31.0	46.5
Communes rurales	22.1	33.6	28.7	14.3
2 000 à 20 000 habitants	20.2	19.3	19.3	26.3
20 000 à 100 000 habitants	14.6	13.4	12.4	9.0
Plus de 100 000 habitants	32.9	24.7	26.5	29.1
Agglomération parisienne	10.2	9.0	13.3	21.3

Source : Téléreport - Médiamétrie. Période : septembre - novembre 1999, en pourcentage.

DES JOURNAUX TÉLÉVISÉS

F2 matin	F2 13 h	F2 20 h	F2 nuit	F3 12-13	F3 19-20	F3 soir 3		INSEE
40.7	43.1	44.7	49.8	51.1	45.4	50.2		48.1
59.3	56.9	55.3	50.2	48.9	54.6	49.8		51.9
F2 matin	**F2 13 h**	**F2 20 h**	**F2 nuit**	**F3 12-13**	**F3 19-20**	**F3 soir 3**		**INSEE**
0.9	2.0	2.9	0.8	3.2	2.5	0.8		9.2
1.2	1.4	1.9	0.4	1.6	1.8	0.7		5.5
3.3	5.7	5.3	8.0	4.7	3.3	3.7		13.4
10.8	7.4	7.4	21.8	11.2	7.4	11.7		14.9
22.4	19.9	19.8	29.2	20.9	18.0	24.0		22.9
18.1	13.9	15.6	13.1	15.6	14.7	16.9		12.0
10.1	12.2	10.2	7.3	10.1	10.5	8.1		5.2
26.5	24.8	23.5	15.0	21.0	26.2	21.2		11.7
6.7	12.7	13.6	4.7	11.6	15.7	12.8		6.2
F2 matin	**F2 13 h**	**F2 20 h**	**F2 nuit**	**F3 12-13**	**F3 19-20**	**F3 soir 3**		**INSEE**
15.8	13.6	18.1	22.9	14.4	13.5	22.7		21.2
24.4	19.2	18.0	28.5	25.5	20.7	20.8		32.5
40.2	32.8	36.1	51.4	39.9	34.2	43.5		53.7
59.8	67.2	63.9	48.8	60.2	65.8	56.5		46.3
2.9	1.2	1.1	1.5	2.8	1.2	1.3		1.4
2.3	2.4	1.8	3.4	3.4	1.7	3.7		3.2
4.2	5.3	7.0	9.6	4.4	4.2	8.9		7.1
9.3	5.9	9.3	9.9	6.6	7.6	10.1		10.9
13.1	10.1	9.7	13.0	13.0	11.2	9.5		16.2
6.0	5.0	5.0	11.2	6.8	6.0	7.8		9.3
2.4	2.9	2.2	2.8	2.9	2.3	2.2		5.7
38.6	45.7	42.5	24.9	40.4	46.9	38.9		21.9
4.8	8.4	9.7	7.5	8.5	7.1	4.6		11.7
16.4	13.1	11.7	16.4	11.3	11.8	13.0		12.6
F2 matin	**F2 13 h**	**F2 20 h**	**F2 nuit**	**F3 12-13**	**F3 19-20**	**F3 soir 3**		**INSEE**
69.4	69.7	69.8	54.7	71.6	71.1	65.1		40.3
30.6	30.3	30.2	45.4	28.4	28.9	34.9		59.7
28.6	28.4	29.7	14.3	30.0	32.0	21.1		25.8
17.4	14.9	14.5	24.6	20.7	19.0	21.7		16.6
11.4	11.2	14.5	8.6	11.0	13.9	13.1		13.2
29.2	31.8	27.3	29.8	28.8	24.4	26.9		28.1
13.5	13.7	14.0	22.7	9.5	10.7	17.2		16.3

Bibliographie

ARISTOTE, *Poétique*, Les Belles Lettres, 1965.

ARISTOTE, *Rhétorique*, Gallimard, 1991.

Georges BALANDIER, *Le Pouvoir sur scènes*, Balland, 1992.

Francis BALLE, *Médias et société*, Monchrestien, 9e éd., 1999.

Roland BARTHES, « L'ancienne rhétorique », in *Communications*, n° 16, 1970.

Maurice BERGER, *La Folie cachée des hommes politiques*, Albin Michel, 1993.

Erwin P. BETTINGHAUS, *Persuasive Communication*, Holt Rinehart, 1973.

Raymond BOUDON, *Dictionnaire critique de sociologie*, PUF, 1990.

Pierre BOURDIEU, *Ce que parler veut dire*, Fayard, 1982.

Pierre BOURDIEU, *Sur la télévision*, Liber, 1996.

Paul BRICHON (dir.), *Le Discours politique en France*, La Documentation française, 1994.

Michel-Antoine BURNIER, Patrick RAMBAUD, *Le Journalisme sans peine*, Plon, 1997.

Raymond CARRÉ DE MALBERG, *Contribution à la théorie générale de l'État* [Sirey, 1920], Presses du CNRS, 1965.

CICÉRON, *De l'orateur*, Les Belles Lettres, 1932.
Paul E. CORCORAN, *Political Language and Rhetoric*, University of Texas Press, 1979.
Jean-Marie COTTERET, Claude EMERI, Jacques GERSTLÉ, René MOREAU, *Giscard d'Estaing–Mitterrand : 54 774 mots pour convaincre*, PUF, 1978.
Jean-Marie COTTERET, Gérard MERMET, *La Bataille des images*, Larousse, 1986.
Jean-Marie COTTERET, *Gouverner, c'est paraître*, PUF, 2e éd., 1997.
Marcel CRESSOT, *Le Style et ses techniques*, PUF, 9e éd., 1976.
Gary CRONKHITE, *Public Speaking and Critical Listening*, The Benjamin, 1973.
Dominique DAGUET, *Langue française à l'épreuve*, Librairie bleue, 1984.
Pierre DAUZIER, Paul LOMBARD, *Anthologie de l'éloquence française*, La Table ronde, 1995.
Guy DEBORD, *La Société du spectacle*, Gallimard, 1992.
Régis DEBRAY, *L'État séducteur*, Gallimard, 1993.
Oswald DUCROT, *Les Mots du discours*, Minuit, 1980.
Pierre DUMAYET, « L'interview télévisuelle », in *Communications*, n° 7, 1966.
Bernard DUPRIEZ, *Gradus. Les Procédés littéraires (dictionnaire)*, UGL-10/18, 1980.
Jacques ELLUL, *La Parole humiliée*, Seuil, 1981.
Jean-Pierre ESQUENAZI, *Le Pouvoir d'un média : TF1 et son discours*, L'Harmattan, 1996.
Alain ETCHEGOYEN, *La Démocratie malade du mensonge*, François Bourin, 1993.
Anne-Florence FAGÈS, Stéphanie MONTAGNÉ, *La Communication non verbale dans la communication politique*, Paris-I, 1993-1994.
Pierre FONTANIER, *Les Figures du discours*, Flammarion, 1968.

Michel Foucault, *L'Ordre du discours*, Gallimard, coll. «Blanche», 1971.

Marc Fumaroli, *L'Âge de l'éloquence*, Librairie Droz, 1980.

Marc Fumaroli (dir.), *Histoire de la rhétorique dans l'Europe moderne (1450-1950)*, PUF, 1999.

Charles de Gaulle, *Mémoires d'espoir*, Plon, 1975.

Rodolphe Ghiglione, *Je vous ai compris*, Armand Colin, 1989.

Rodolphe Ghiglione, Marcel Brombay, *Discours politique et télévision*, PUF, 1998.

Blanche Grunig, *Les Mots de la publicité*, Presses du CNRS, 1990.

André Guérin, *La Vie quotidienne au Palais-Bourbon à la fin de la IIIe République*, Hachette, 1978.

Mogens H. Hansen, *La Démocratie athénienne*, Les Belles Lettres, 1993.

François-Bernard Huyghe, *La Langue de coton*, Laffont, 1987.

Roman Jakobson, *Essais de linguistique générale*, Minuit, 1963.

Dominique Labbé, François Mitterrand, *Essai sur le discours*, La Pensée sauvage, 1983.

George Lakoff, Mark Johnson, *Les Métaphores dans la vie quotidienne*, Minuit, 1980.

Jacques Laurent, *Le Français en cage*, Grasset, 1988.

Christian Le Bart, *Le Discours politique*, PUF, coll. «Que sais-je?», 1998.

Patrick Lecomte, *Communication, télévision et démocratie*, Presses universitaires de Lyon, 1993.

James C. MacCroskey, *An Introduction to Rhetorical Communication*, Prentice-Hall, 1972.

Albert Mehrabian, *Non Verbal Communication*, Aldine Atherton, 1972.

Françoise Moreau, *L'Image littéraire*, Société d'édition d'enseignement supérieur, 1982.

Chaïm PERELMAN, L. OLBRECHTS-TYTECA, *La Nouvelle Rhétorique : traité de l'argumentation*, PUF, 1958.

Karl POPPER, John CONDRY, *La Télévision, un danger pour la démocratie*, Anatolia, 1994.

Ronald PRIMEAU, *The Rhetoric of Television*, Longman, 1979.

Olivier REBOUL, *Le Slogan*, Complexe, 1975.

Olivier REBOUL, *La Rhétorique*, PUF, coll. « Que sais-je? », 1984.

Olivier REBOUL, *Introduction à la rhétorique*, PUF, 1991.

Paul RICŒUR, *Lectures 1*, Seuil, 1991.

Clément ROSSET, *Le Démon de la tautologie*, Minuit, 1997.

Nicolas ROUSSELIER, *Le Parlement de l'éloquence*, Presses de Sciences-Po, 1997.

Maurice SACHOT, « L'argument d'autorité dans l'enseignement théologique au Moyen Âge : les grandes étapes d'une évolution (XIe-XIIIe) », in *Cahiers du séminaire de philosophie*, n° 10, Presses universitaires de Strasbourg, 1991.

Richard SENNET, *Les Tyrannies de l'intimité*, Seuil, 1976.

Manis SPERBER, *Psychologie du pouvoir*, Odile Jacob, 1995.

André TARDIEU, *La Révolution à refaire*, t. 1, Flammarion, 1936.

Françoise THOM, *La Langue de bois*, Julliard, 1987.

Henriette WALTER, *Le Français dans tous les sens*, Laffont, 1973.

John C. ZACHARIS, Coleman C. BEUDEN, *Speech Communication : A Rational Approach*, John Wilay and Son, 1976.

Cahiers du séminaire de philosophie, Presses universitaires de Strasbourg, n° 1, 1989; n° 10, 1991; n° 11, 1992.

« Caricatures politiques », in *Mots*, Presses de la FNSP, septembre 1996.

Français fondamental, 1er et 2e degrés, Institut pédagogique national, 1954.

Le Plaisir des mots, Autrement, 1995.

« L'usage de la parole », in *Actes de la recherche en sciences sociales*, mars 1983.

« Recherches en communication », in *Métaphore*, nos 1 et 2, Université catholique de Louvain, 1994.

« Rhétoriques du journalisme politique », in *Mots*, Presses de la FNSP, décembre 1993.

« Télévision et politique », in *Politix*, L'Harmattan, 1er trimestre 1997.

Table des matières

Partie 2
CHOISIR

Partie 3

CONSTRUIRE

Partie 4

RAISONNER ET CONVAINCRE

Partie 5

ÉMOUVOIR ET PERSUADER

ANNEXE

Cet ouvrage a été achevé d'imprimer
par l'Imprimerie Sagim à Courtry
en avril 2000
pour le compte des éditions Michalon

Composition – Mise en pages
DV Arts Graphiques à Chartres

Dépôt légal : avril 2000
N° d'édition : 00126
N° d'impression : 4204